人生要过得心满意足、无怨无悔，
娱乐和追求应该交叉进行，
顺其自然地转换角色。

做一个不惑的人，

【美】梭罗 等著　方华文 译

不忧、不惧过一生

北京日报出版社

生命力以它自身的火焰照耀人生,
所以你不管遇到什么样的逆境,
总觉得还可以挺过去。

时光是宝贵的,
一去就不可复返

每个人都希望有一个光明的前景,
希望出外闯荡去发现新事物。
但所有的人内心又都受到某种束缚,
不由自主地去墨守成规,
全然不管这些成规是对还是错。

友谊使人热爱生活,
爱情令人不畏死亡。

爱情是一种极为美好的感情,
是真实心境的表现,
不能够买卖、交换,
也不能够偷盗。

contents

目录

热爱生活，只为不虚此行

人生犹如一座高塔，每个人都必须攀爬

人生目标	/【英】伯特兰·罗素	002
如何慢慢变老	/【英】伯特兰·罗素	004
时钟	/【苏联】高尔基	007
热爱生活	/【美】亨利·大卫·梭罗	011
儿童故事一则	/【英】查尔斯·狄更斯	012
假如给我三天光明	/【美】海伦·凯勒	017
蜗牛	/【法】弗朗西斯·蓬热	030
人生旅途	/【丹麦】勃兰兑斯	032
生命力	/【英】毛姆	035
创造	/【法】罗曼·罗兰	039

外表和内核	/【英】纪伯伦	042
步入老年	/【英】蒙台·木青	046
谎言的破灭	/【英】巨姆	049
生与死	/【意】心·琴迪	051
我眼里的世界	/【德】阿尔伯特·爱因斯坦	053

以自己喜欢的方式过一生

一个人能够在行为上随心所欲，但并非能心想事成

假如又回到童年	/【英】卡拉耶·富兰克林	058
什么是爱情？	/【法】普鲁塔克	060
知识是有限的	/【意】伽利略	064
让希望之火在胸中燃烧	/【美】安德鲁·卡内基	066
财富的力量	/【美】爱玛森·马登	070
为快乐而工作	/【英】伯特兰·罗素	076
鸟和人	/【埃及】陶菲格·哈基姆	078
读书的乐趣	/【法】阿兰	081
赶时髦和空谈	/【法】蒙泰明	085

得不偿失	/【美】本杰明·富兰克林	088
时间的价值	/【英】罗伯特·威廉·塞维斯	090
无知	/【英】罗伯特·林德	093
真实的友情是最大的财富	/【美】安德鲁·卡内基	096
爱情并非商品	/【美】西德尼·哈里斯	100

原来可以朝更好的方向努力

他向全世界证明:"劫后"完全可以活得更好

他日他方	/【加】科里·多克托罗	104
拜访	/【美】托马斯·沃尔夫	119
纽约的慈善机构	/【美】西奥多·德莱赛	122
摩诃摩耶	/【印度】泰戈尔	125
白海豹	/【英】吉卜林	134
恋情	/【俄】伊凡·蒲宁	158
影子	/【波兰】普鲁斯	162
奶奶	/【美】布莱德波利	165
结婚之后	/【巴基斯坦】肖格特	168

她	/【俄】伊凡·蒲宁	171
父母双亡	/【德】彼得·维斯	176
孤独的树	/【保加利亚】埃林·彼林	179
破产的人	/【美】厄普代克	181
费城第一天	/【美】本杰明·富兰克林	185

行走在天地间

远方的景色是那样朦胧，恰似飘渺的未来，以磅礴的气势静静地铺展在我们的灵魂面前

归来的温馨	/【智利】巴勃罗·聂鲁达	190
菩提花	/【瑞士】黑塞	193
冬日漫步	/【美】亨利·大卫·梭罗	196
秋天	/【法】让·吉奥诺	199
林中小溪	/【俄】普利什文	202
盎然的春意	/【德】歌德	206
大自然	/【美】爱默生	208
洪水	/【俄】索罗乌欣	211

夏天 /【美】约翰·布罗斯	216
刚果河记事 /【法】纪德	219
旱灾 /【英】威廉·黑尔·怀特	225
沙子和水 /【法】安德烈·莫洛亚	227
神圣的景观 /【奥地利】茨威格	230
闪亮的小星星 /【俄】邦达列夫	233
火光 /【俄】柯罗连科	235
雏菊 /【法】雨果	237
从阿尔卑斯山归来 /【法】都德	240
雪夜 /【法】莫泊桑	243
瓦尔海姆散步 /【德】歌德	245
啊,日内瓦湖! /【俄】伊凡·蒲宁	248

光阴似箭，岁月如梭，时间偷偷地溜走，白天和黑夜交叉在一起飞逝。人活一世，不要畏缩躲避，也不要怨天尤人，其实人生并非一团糟。人生要过得心满意足、无怨无悔，娱乐和追求应该交叉进行，顺其自然地转换角色。

热爱生活，只为不虚此行

人生目标

【英】伯特兰·罗素

主宰我一生的有三种情——对爱的渴望、对知识的求索以及对人间苦难无法遏制的恻隐。它们朴实无华,却撼天动地,似狂飙将我卷起,任意摆布我,使我挣扎于无边的苦海和危临绝望的深渊。

我寻觅爱情,首先因为爱能使我心醉神迷——神魂颠倒的我,情愿以余生换取哪怕片刻如痴如醉的欢乐。我寻觅爱,还因为它可消除孤独——孤独是多么可怕,一颗孤独的灵魂会战栗,茫然面对大千世界,眼前是一片冷冰冰、无声无息、深不见底的渊海。最后,我寻觅爱,是因为我在融融爱河里看到了天国神秘的缩影——那是仅存在于圣贤和诗人幻想中的理想画面。这就是我的追求,对于人生而言，它似乎过于完美，但我最终还是完成了自己的夙愿。

追求知识，我同样激情澎湃。我渴望了解人之心灵，渴望明白群星为何闪烁。我竭力要弄清毕达哥拉斯数字的力量——那左右一切事物的力量。虽然并非战绩辉煌，但我已小有所成。

爱情和知识很可能引导我步入天堂，但"恻隐"总会使我回到现实中来。人间痛苦的哭叫声回荡在我的心田。饥肠辘辘的儿童、惨遭蹂躏的受难者、被儿女视为累赘的孤苦无助的老人，以及满世界的孤独、贫困和苦难，都是对人类理想生活的嘲讽。我恨不得能斩断邪恶，却力不从心，为此痛苦万分。

这就是我的人生。这是有价值的人生；假如还有来世，我情愿重温这样的人生。

如何慢慢变老

【英】伯特兰·罗素

不管题目怎样，本文其实意在讲述如何避免变老。对我这样年纪的人，此命题尤显重要。首先，我建议精心挑选前辈。我父母虽然早夭，但其他前辈的情况还是不错的。我外祖父67岁正当年的时候不幸逝世，这固然属实，但我的外祖母和祖父母去世时都已过耄耋之年。至于再早一些的前辈，仅发现一个没活到高寿，而是死于一种现在极罕见的"病"，即被"枭首"。我的一个曾祖母是吉本的好友，她活了92岁，生前一直在晚辈中享有威名。我的外祖母育有七个儿女，其中一个夭折于襁褓。她一生中流产多次，丧夫之后，立刻投身于妇女的高等教育事业。她是哥顿学院的奠基人之一，曾为妇女步入医学的殿堂付出了艰苦的努力。她常讲起自己在意大利的一段经历。一次，她在那儿遇见一个老年人，样子很伤心。她问对方为何如此忧愁，那个老人说刚刚失去了两个孙子。"天呀，"外祖母高声说道，"我有72个孙子孙女，要是每失去一个就伤一次心，那我的日子该多悲惨啊！""你真是个不寻常的人！"老先生用意大利语赞叹道。作为她72个孙子孙女中的一员，我赞同她的处世哲学。年登耄耋之后，由于难以入睡，她便看科普文章，从子夜一直看到凌晨3点。她恐怕无暇留意到自己在一天天衰老。我觉得这是永葆青春的秘诀。假如你兴趣广泛，热衷于参加各种活动，仍可以发挥余热，就没必要老想着自己有多大年龄，更不必为自己还能活多久而忧虑。

至于身体健康方面，我无法提供经验可供借鉴，因为我极少生病。我想吃就吃，想喝就喝，困意来了就睡觉。我从不着意做有益于健康的事情，不过在实际生活中我所喜欢干的事情大多是健康的。

从心理学的角度而言，人至暮年应警惕两大危险。一是不该沉湎于过去。终日怀旧，恋恋不舍于过去美好的时光、为老友的离世伤心不已，这些都是不可取的。一个人应该放眼于未来，放眼于还未完成的事业。此非易举之事，盖因"过去"在老年人的心里，分量会不断加大。一个人很容易这样想：自己曾经意气风发，今非昔比；过去，脑子也比现在灵光得多。倘若果真如此，那就应该忘掉它，可事实往往却是欲忘而忘不掉。

还有一点也需要警惕——万不可纠缠年轻人，巴望着从那些生龙活虎的年轻人身上获取活力。孩子长大后，他们想过自己的日子。假如你仍然像他们小时候那样"关心"他们，便会成为他们的负担——除非他们对你的"关心"特别麻木。我并不是说不应该关心他们，而是说应该三思，尽可能体谅他们，万不可感情用事。比如兽类，幼兽一旦自立，成年兽便对它们淡漠了。而人类由于育婴期长，很难做到这一点。

我认为以超然的态度参加有益的活动，对活动表现出强烈的兴趣，老年生活便很容易过得有滋有味。在这方面，长年积累的经验其实是很有用的，而从人生经历中总结的智慧可以从容不迫地加以运用。子女既已成年，就不该对他们唠叨，告诫他们不要做错事情，因为你的话他们听不进去，这是其一。还因为出错才可以长教训，此乃其中的一个重要因素。假如你无法以超然的态度参加活动，你就会觉得生活空虚，除非你把注意力转向儿孙们。在这种情况下，你必须认识到：即便你仍可以提供物质方面的帮助，如给他们零用钱，或者为他们织毛衣，你也别指望他们喜欢跟你在一起。

一些老人心情压抑，害怕自己会死去。年轻人有这种心情倒有情可原。年轻人有理由担心自己会死在战场上，想到自己上当受骗，为没有享受到生活中最美好的东西而难过，这是可以说得过去的。老年人品尝过了人世间的酸甜苦辣，已尽其所能完成了自己的使命，再害怕死就既可悲又可耻了。战胜恐惧感的最好办法（至少在我看来），就是逐渐扩大你的兴趣，使之愈加超然——随之，你就会一点点走出自我封闭的壁垒，渐渐融入苍生大众的生活。人生应该像一条河，起初只是一条小河，河道狭窄，夹裹在两岸之间，急冲冲流过乱石滩，飞下瀑布。河面越变越宽，河岸向后退缩，水流趋于平缓，最后无声无息没入大海，毫无痛苦地终结自己的一生。如此看待人生，老年人就不会怕死，因为他们所关心的事业会后继有人。随着精力的衰退、疲劳感的增强，一个人产生"永久休息"的想法，也没有什么不好的。我很愿意在还能干得动工作的时候就死去——我知道其他人会接替我未完成的工作。想到自己已恪尽职责，我便感到心满意足。

时钟

【苏联】高尔基

一

嘀嗒,嘀嗒!

夜阑人静,独自一人聆听时钟的指针在冷漠地、不停地走动,你会感到害怕,甚至毛骨悚然。它走得是那样精确,声音是那样清晰,一分一秒地在计算着你生命的长度。黑夜笼罩大地,人们都沉睡,万籁俱寂,只有那时钟在嘀嗒嘀嗒地走着,每响一下,你的生命就缩短一秒——这一秒虽然很短,但却是一去不复返的,再也不会回到我们的生命中来了。这分分秒秒到哪里去了?它们消失在了何方?这恐怕谁也说不清。还有许多问题同等重要,它们决定着我们的人生是否幸福,是否有意义。怎样活着才算有价值?怎样活着才会不丧失信念和希望,才会使生命当中的每一分钟不浑浑噩噩地白白流逝？嘀嗒嘀嗒不停走动的时钟能回答这些问题吗？对此它会说些什么呢？

二

嘀嗒，嘀嗒！

世上再也没有比时钟更冷漠的东西了——自从你降临人世的那一刻起，它就在分秒不差地嘀嗒嘀嗒地走着，摘走了你花一样的年华，把你一步步推向坟墓。人自从出生之日起，就在向死亡迈进。而到了你临终前嘶哑着嗓门呻吟不止时，它仍在枯燥乏味地嘀嗒嘀嗒地走着，夺走你的分分秒秒。在那冰冷冷的嘀嗒声中，你仿佛觉得它无所不知，却又对自己所知的东西麻木不仁。无论任何东西，都无法叫时钟动情——它是那样不慌不忙、无动于衷。我们若想挽回自己的生活，就得寻找一种充满同情、积极、热情的时钟，以取代这个枯燥、单调、只给人以忧愁的时钟。

三

嘀嗒，嘀嗒！

在时钟不息的运动中没有静止之点。我们怎样界定"现在"这个概念呢？头一秒钟产生之后，第二秒钟接踵而至，把第一秒钟推进无底的深渊……

嘀嗒！你是一个幸福的人。嘀嗒！痛苦又如毒药注入你的心田。倘若你不努力用某种清新活泼的东西充实你生命中的分分秒秒，这痛苦就可能伴随你一生。忧愁是个魔鬼，它会不时迷惑你，让你沉迷其中，让你失去判断力，不再去寻找美好的东西。如果你是个有理智的人，就会认清它丑恶的面目,拼命地跟它做斗争,使自己的生活充实,变得有意义。那时,枯燥的分分秒秒就会大放异彩。

四

嘀嗒,嘀嗒!

人的生命短暂到了荒谬可笑的程度。该怎样生活才好呢?一些人逃避生活,还有一些人则全心全意地把自己献给了它。前一种人到了晚年,会感到精神贫乏,没有值得回忆的往事。而后一种人则精神充实,有精彩的往事可以追溯。两种人都是要死的,如果谁没有把自己的才智和心血贡献给生活,那么就不会在死后留下什么……这样,在你临终之时,时钟将冷漠无情地计算着你在人间最后的时刻——嘀嗒,嘀嗒!几秒钟的时间,会有新人降生,而你将不复存在!除过你那散发着臭气的躯壳之外,人世间不会留下你任何东西。难道你的自尊心能够容忍这般把你抛进人世间,随后又把你拉出来,使你身不由己地听任摆布而不感到愤慨吗?倘若你有自尊心,并感到了羞耻,那你就应该在人世间留下一些值得纪念的东西。想想你的价值和作用吧!有这样一种情况——一块砖头制成后,被用来盖房子,最后随着岁月化为尘土,彻底消失不见……这样的存在多么乏味无聊啊!你是有理智有情感的,应该在人间有丰富的体验,享受每一美丽的时刻。千万不要像砖头那样消失得无影无踪。

五

嘀嗒,嘀嗒!

倘若你深入地思考,想一想你在时间无限的运动中担任什么样的角色,你将会因为意识到自己是那样无足轻重而倍感沮丧。这种认识会让你感到屈辱!它会激发你的自尊心,从而仇视把你贬低的生活,下决心跟它斗争一番。为了什么而斗争呢?当大自然剥夺了人类用四肢走路的本领时,就赐给了人类一个拐杖——理想!从那时起,人类便开始不自觉地、本能地追求着美好的东西,而且追求的目标越来越高!你要做的是把这种追求化为行动。人人都知道,只有在对美好事物的不断追求中,才会有真正的幸福。你可不要抱怨自己力量单薄,什么样的牢骚都不应该有——只有懦夫才怨天尤人!所有的人都很不幸,而最不幸的是那些用不幸来装饰自己的人。这些人老想让别人关心他们,岂不知他们是最不值得关心的。追求进步,这才是有价值的生活!让你的一生都在勤奋的追求中度过吧,其中一定会享受到许许多多温馨美好的时刻!

六

嘀嗒,嘀嗒!

"一个走投无路的人,被你用黑暗裹得严严实实,要那光明又有什么用呢?"这是年老的约伯向上帝提出的质问。如今,敢于像约伯那样质问上帝的人已经没有了。一般说来,现在的人对自己的估价太低,认为自己没有资格质问上帝。他们不太热爱生活,甚至也不善于自爱。与此同时,他们又非常怕死——尽管尽人皆知,谁都难免一死。凡属不可避免的就是理所应当的。自从人类诞生以来,死亡一直就如影随形。每个人都应该正视这一点。对事业的追求,能消除对死亡的恐惧。走正直诚实的道路,你必定会有一个良好的结局。嘀嗒,嘀嗒……一个人消亡之后,所有的一切都随之消失,留下的只有他的事业。他的一生结束了,而另一种时刻会出现——那就是对他的一生作出评价的时刻。

热爱生活

【美】亨利·大卫·梭罗

不管生活多么肮脏,都应该面对它,去真实地生活。对于生活,不要畏缩躲避,也不要怨天尤人,其实它并非一团糟。一个人富有的时候,也许反而觉得生活极其悲惨。爱挑剔的人,即便到天堂也会挑出毛病。热爱生活吧——哪怕你很贫穷。甚至在济贫院里,也会有灿烂的时刻,使你身心愉悦,给你以欢乐。洒在济贫院窗户上的落日余晖,和洒在富人豪宅上的一样明亮。春天来临,济贫院门前同样会冰消雪融。依我所见,一个人即便生活贫困,只要心境平和,就会乐天知命,情绪愉快,所得欢乐不亚于锦衣玉食。我倒觉得城里的那些穷人把日子过得极为潇洒自在。对于生活,他们也许逆来顺受。众人觉得他们不屑受城市的救济,孰不知他们只能靠卑贱的方式维持生活,落了个不雅的印象。对于贫穷,应像圣人一样达观,视其为花草,照样修枝剪叶。不必不遗余力地赶时髦——求新装艳服或结交新的朋友。做到不弃旧物,时时怀旧。事物其实并不多变,多变的是人。家当可以卖掉,但真理应永铭心间。

儿童故事一则

【英】查尔斯·狄更斯

很久很久以前,一位旅客踏上了一段旅途——一段神奇的旅途。启程时,他觉得那段旅途极为漫长,而行至中途却又觉得非常短暂。

话说他沿着黑黢黢的小道踽踽而行,走了好一会儿,路上不见一人一物,最后总算碰见了一个模样很漂亮的小孩。他启口问道:"你在这儿干什么呢?"那小孩说:"玩呢,我总是玩不够,来跟我一道玩吧!"

于是,旅客便跟小孩玩了起来,一玩就是一整天,二人玩得喜气洋洋。天空湛蓝如洗,阳光明媚,溪水波光粼粼,树木葱绿,鲜花姹紫嫣红,百鸟啁啾,群蝶飞舞,看不尽的美丽风光,一派风和日丽的景象。落雨时,二人喜于观看那从天而降的雨幕，鼻中飘来芬芳的气味。刮风时，二人则喜于倾听那风语，只听见那风声时而如笛声低鸣，时而又如山林高歌，但见那风驱雾逐云，摧树折枝，呼呼灌进烟囱，吹得房屋摇动，吹得大海波涛汹涌。他们真想听明白那匆匆而至的风儿在诉说着什么，真想弄清楚它的故乡在何处。然最美丽不过天降飘飘扬扬的瑞雪，二人最爱的便是仰望那自苍穹落下的白白的雪花，一如万千白鸟胸前抖落的洁白绒毛，铺天盖地。他们观赏鹅毛大雪平平稳稳却又急急匆匆降落人间的美景，聆听雪花降落在羊肠小道及通衢大路上那似有似无的窸窣声。

二人所玩的玩具极其精美，所看画册极有妙趣，内容包罗万象——上面画有土耳其弯刀、拖鞋及头巾；有小矮人、巨人、妖怪及仙女；有蓝胡子和豆茎的故事；有关于宝藏、溶洞、森林、情人节及奥森斯农场的传说。一切都是那么活灵活现，叫人耳目一新。

但忽一日，旅客不见了小孩的踪影，千呼万唤听不到回应。于是他只好又踽踽而行，走了一会儿，路上不见一人一物，最后总算遇见了一个俊雅的少年。他上前问少年："你在这儿做什么呢？"少年说："学习呢，我总是学不够，来跟我一道学吧。"

于是，旅客便跟少年一起学了起来，了解朱庇特和朱诺的故事，也学习古希腊和古罗马的知识，学习范围之广、内容之多我无法说清，连旅客也说不清，因为学的很多东西他转眼就忘了。不过话又说回来，二人并不是把所有的时间都花在了学习上，他们还玩了一些让人乐翻天的游戏：夏天泛舟河上；有时打板球，有时玩其他各种各样的球；有时玩抓俘虏，有时玩猎犬追兔，有时模仿领袖人物，还有好多我想都想不到的游戏。没人玩得过他们。二人还一起度假，享用主显节糕饼，参加各种聚会，舞至午夜方休，在真实的"戏院"观赏真实的土地上建起真金白银的宫殿，世界上的诸般奇迹也尽收眼底。他们也没有忘记交朋结友，友谊之深厚、朋友之多，恐一时难以叙述得清。朋友们个个青春洋溢，跟那位俊雅的少年一样风华正茂，彼此结下了一生的情谊。

但有一日，玩乐之间旅客突然不见了少年的踪影。少年和以前的那个小孩一样销声匿迹了。他百呼不应，只好又踏上了旅途。他走了一会儿，路上不见一人一物，总算遇到了一个小伙子，于是上前问道："你在此处做什么？"那后生说："我恋爱了，一直沉浸在爱河中，来和我同游爱河吧。"

于是，旅客便跟着小伙子走了，很快瞧见了一位美丽妩媚的姑娘，可谓天下绝色，长得就像范妮[1]——那两汪秋水、一头秀发以及脸上的酒窝，跟身处天涯海角的范妮一个模样。见到了旅客，姑娘嫣然一笑，双颊飞红。一对情侣恩恩爱爱，形影不离，眼看就要结为连理之枝……

但忽一日，旅客不见了他们的踪影，像以前那些朋友遁去行迹一样，千呼万唤不见其面。旅客只好又踏上了旅途。途中踽踽而行了一会儿，不见一人一物，最后总算遇到了一位中年绅士。旅客启口问道："你在这里做什么？"绅士答："忙着呢，一直忙忙碌碌，来跟我一道忙吧！"

于是，旅客便跟着绅士忙活了起来，一道行走在一片森林中。他们的全部旅程就是在林间穿行——那林子起初面积开阔、郁郁葱葱，一如春季的林海，后来逐渐稠密、一片墨绿，仿佛夏日的景色。一些最早破土的小树此时竟已呈现沧桑的棕褐色。绅士并非独身一人，和他同行的有一位年龄相仿的女士，那是他的妻子，另外还有他们的子女。一行人在林间穿行，一路上伐木清道，拨开树枝，踏过落叶，身负行囊，甚是艰辛。

---

[1] 狄更斯时代的女演员。

有时，他们来到一条长长的通往森林纵深处的绿色林荫道，耳边回响起一个飘渺、稚嫩的声音："爸爸，爸爸，我也是你们的孩子，等等我！"随即便可见一个小小的身影出现——那身影越走越大，跑过来跟大家合为一处。见了小人儿，大家将其团团围住，又亲又吻，热情地欢迎。接着，大伙儿一道向前赶路。

有时，他们来到一处有数条岔路的地方，大家便止住脚步。只听一个孩子说："爸爸，我要航海去。"另一个说："爸爸，我要到印度去。"还有一个孩子说："爸爸，我要去闯荡世界。"又有一个孩子说："爸爸，我要到天堂去了！"分手时，大家泪湿衣衫。离去的孩子踏上了各自的旅途，沿着那些岔路走了。那个奔赴天堂的孩子在一片金光之中腾空而起，消失得无影无踪。

每当出现这样的离别场面，旅客瞥一眼绅士，都见他目光越过树梢仰望长空——那儿暮色降临，夕阳西沉。旅客还注意到绅士的头发正转为花白。可惜众人不得久留，大家还得攒程赶路——人生行色匆匆，本来如此。

多番离别之后，最终老夫妻身边已无子女，只剩下了他们俩跟这位旅客结伴而行。眼前的树木呈枯黄、呈棕褐色，所有的树木，甚至连密林里的也不例外，均落叶纷纷。

三人来到一条林荫道，这儿比其他地方的林荫道都要阴暗。大家只顾吃力前行，并没有留意脚下的道路，这时妻子停住了脚步。

妻子说道："亲爱的丈夫，孩子在叫我呢。"

他们侧耳倾听，果真听到一个声音从林荫道的远处传来："妈妈，妈妈！"

那是第一个声称要到天堂去的孩子的声音。绅士说："请你不要再叫了，太阳就要落山了。请你不要再叫了！"

可那声音没有理会，仍然叫着："妈妈，妈妈！"绅士现在已满头银丝，脸上热泪纵横。

此时，做妈妈的一脚已踏入林荫道的阴影之中，离去前张开双臂抱住丈夫的脖颈，亲吻着他说："我的至亲至爱，我听到了召唤。别啦！"说完她就不见了。只剩下旅客及绅士孤独前行了。

他们走啊走，最后来到一处非常接近密林边缘的地方，透过树木可以看见前方夕阳那红彤彤的光芒。

然而，以前的现象又一次发生了——旅客正披荆斩棘奋力前行时，他的旅伴又骤然消失了。他千呼万唤却不见回音，步出密林，只见眼前一片广阔无边的紫色，静谧的夕阳在徐徐下落。旅客见一位老者坐在一棵倒下的树干上，于是上前打了个问讯："您在这儿干什么？"老者恬然一笑说："我在回忆往事，一直在回忆，来和我一起缅怀旧事吧！"

于是，旅客便傍着老者坐下，望着眼前祥和的夕阳美景。在路上结识的那些朋友一个个悄然返回，围站在他的身边。那漂亮的小孩、俊雅的少年、坠入爱河的小伙子，还有那对夫妻及其子女，全都来到了跟前，一个都不少。旅客爱这些朋友，对他们友善、宽容，望着他们，喜悦之情便油然而生，而那些朋友也爱他，以他为荣。我觉得这位旅客其实就是您自己，亲爱的爷爷，因为无论您和我们做了什么，每个人的人生旅途莫不是如此！

假如给我三天光明

【美】海伦·凯勒

我们大家都读过感人肺腑的故事,故事里的主人公仅仅能活有限的一段时间——这段时间或许长至一年,或许短到二十四个小时。但历来叫我们感兴趣的是看看那厄运临头的人究竟怎样度过自己生前最后的几天或几个小时。当然,此处谈论的是有选择余地的自由人,而非活动范围受到严格限制的获刑犯人。

这样的故事引起我们的思考:遇到类似的情况,我们该如何是好?反正终有一死,在人生这最后几个小时里应该安排什么样的事件、什么样的经历、什么样的交往呢?回首往事,我们会有几多幸福,几多遗憾呢?

有时我想:珍惜每一天,仿佛明日就会离开人世,这才是好的生活习惯。这种态度鲜明地强调了人生的价值。每一天,我们都应该温文尔雅、活力四射,应该充满感恩之心。而当人生漫漫无涯,一天天、一月月、一年年在我们的面前延展时,我们往往会舍弃这种人生态度。当然,有些人信奉的是伊壁鸠鲁的信条——"吃、喝、玩、乐",但绝大多数人想到即将离开人世,则会有紧迫感。故事里厄运当头的主人公,常常在最后一刻由于命运突变而获救,但十有八九他的人生价值观会发生变化。与以前相比较,他懂得了生活的意义以及人生永恒的精神价值。常常可以看到这样的现象:从死亡阴影里走出来的人,无论干任何事情都甘之如饴。

但是,我们大多数人都抱着听天由命的态度。我们情知自己终有一天会死去,但总把那一天想象得在遥远的将来。当我们心宽体健时,死亡几乎是不可想象的,我们很少把它往心里去。日子一天天延展,无端无尽。于是我们忙于鸡毛蒜皮的小事,对自己疲沓的人生态度几乎全不以为然。

我们在利用自己的天赋和感官时,恐怕也是如此麻木不仁。只有聋子才珍惜听力,唯有瞎子才体会得到能看见事物的种种幸福。这种结论特别适合于那些在成年阶段失明、失聪的人们,而那些从没有遭受视觉或听觉损伤之苦的人却很少充分利用这些天赐的官能。他们糊里糊涂用眼睛看、用耳朵听,走马观花,漫不经心。素来有一句老话:一旦失去才知道珍惜,病魔缠身方明白健康的重要。

我常常想:如果每个人在他最初步入成年期的时候突然失明、失聪,当几天瞎子、聋子,倒是件好事。黑暗会使他更珍惜视力,沉寂可教会他享受声音。

我时不时要询问一些眼睛能看得见的朋友,想了解他们究竟看到了什么。最近,一位挚友来探望我,她刚在森林里散了很长时间的步。我问她途中看到了什么。她答道:"没什么特别的。"我已经习惯了这样的回答,老早就坚信眼睛好的人什么都看不到,否则此刻我真不敢相信她的话。

我心里在问:"在森林里走了一个小时的路,竟然看不见任何值得注意的东西,这怎么可能呢?"我眼睛看不见,但用手触摸也能发现无数令人感兴趣的东西呀。我触摸得到树叶那精致对称的纹路。我常用手充满爱意地抚摸白桦树那光滑的树皮,或者抚摸松树那高低不平、毛茸茸的树皮。春天我触摸树枝,希望能摸到嫩芽——那是大自然冬眠后,从梦中苏醒的第一征兆。我触摸过鲜花那令人愉快的天鹅绒般柔软的纹路,感觉得到它的纹路回旋弯曲、精美绝伦,从而发现了大自然的一种奇异的现象。有的时候,如果走运的话,我把手轻轻放在一棵小树上,可以感觉到鸟儿高歌时兴奋的颤抖。我喜欢伸开手指,让凉凉的溪水从指间快速地流过。我觉得,松针或柔软的青草铺就的地毯很舒适,要胜过最奢华的波斯地毯。在我看来,四季的胜景犹如戏剧,激动人心,永不谢幕,在我的指尖触摸下一幕幕搬演弗息。

有时,我的内心在呐喊,渴望看见这缤纷的景色。单凭触觉就可以获得如此大的欢乐,真不知眼睛看到的一草一木会美丽到何种程度。然而,眼睛能看得见的人对什么都视而不见,对世间五颜六色、沸腾热闹的景象漫不经心。也许人性如此——对于已经拥有的满不在乎,只一味追求自己所不拥有的东西。在光明的世界里,视力仅仅被看作方便的工具,而非为生活增光添彩的手段,这是天大的遗憾。如果我是大学校长,我就要开设一门必修课——"如何利用眼睛"。授课的教授应该致力于教导学生如何珍视从眼前一闪而过、往往被忽略的东西，从而为生活增添欢乐。其目的是唤醒学生休眠的、呆钝的能力。

如果我能使用自己的眼睛，比方说，仅仅用三天吧，我就想象自己最渴望看到什么样的景物，也许如此最能说明问题。在这个过程中，建议你也让想象力驰骋——如果你只有三天的时间能看到东西，自己该怎样利用眼睛？第三天晚上夜幕降临，你知道自己将再也无法看到太阳升起，那么你该怎样度过中间三天宝贵的时光呢？你最愿意让目光停留在什么景物之上呢？

我当然最想看的是在多年茫茫黑暗中被我视为珍宝的东西。你恐怕也愿意让目光停留在自己所珍视的东西上，这样可以把对它们的记忆带入迫近的长夜里。

假如天降奇迹，给我三天的时间看东西，随后又陷于一片黑暗之中，我将把这三天时间分为三个部分。

第一天

第一天，我想亲眼看看那些身边的人——他们的善心、温情和友情使我的人生有了意义。首先，我想久久地端详我亲爱的老师安妮·萨利文·梅西夫人的面容。我小的时候，她步入我的生活，向我揭示了外部世界的风采。我不仅要端详她的面容，以便能把它珍藏在我的记忆中，而且我还要研究这张脸庞，要在那里找到生动的证据，以证实她内心的同情心、温情和包容——正是靠了这些品质，她排除万难对我施教。我要看她眼睛里包藏的那种性格力量——它使得她面对困难时坚忍不拔，还要在她眼里看到她对芸芸苍生的恻隐——那是她经常向我显示的一面。

我不知道通过"心灵的窗口"——眼睛，窥探一个朋友的内心是怎样一种感受。我只能通过我的指尖"看"人们的面容。我能察觉到欢笑、悲伤和其他许多明显的感情。我通过触摸面庞了解我的朋友,但以这种方式却无法真正了解他们的品格。当然,我是通过其他方式了解他们品格的——如通过他们对我表达的思想,以及对我展现的各种行为。不过,我无法更加深入地了解他们——我坚信只有用眼睛看着他们,观察他们对各种外露的思想和各种情况产生的反应,留心观察他们眼睛里和面庞上那突然涌现、转瞬即逝的神情才能够做到这一点。

我熟悉身边的朋友,因为在漫长的岁月里他们从各个方面让我了解了他们。但对于萍水相逢的朋友,我却印象模糊——跟他们握握手,或者通过交谈(我用指尖触摸他们的嘴唇了解他们的话语,抑或他们把要说的话写在我的掌心),只能获取不完整的印象。

至于眼睛能看得见的人,瞧见别人表情的变化、肌肉的颤抖和手的摆动,轻而易举便可以迅速了解对方的基本情况,那该是多么舒心啊!但你是否想到过用眼睛窥探朋友或熟人的内心世界?大多数眼睛能看得见的人在观察一张面孔时,只是漫不经心地看看外部特征,仅此而已,难道不是吗?

柔软的青草铺就的地毯很舒适,要胜过最奢华的波斯地毯。

例如，你能精确地描绘五个好朋友的面容吗？有些人能，但许多人是做不到的。作为实验，我曾问过一些多年相处的男士，他们妻子的眼睛是什么颜色。他们常常表现得窘迫和慌乱，承认他们不知道。顺便说一句，妻子们经常抱怨，说她们的丈夫不关心她们的新衣服、新帽子以及家里摆设的变化。

眼睛能看得见的人对周围的景物很快便习以为常，其实他们只注意触目惊心、辉煌壮丽的东西。而且，即便在看极为壮丽的景象时，他们的目光也是懒散的。根据法庭的记录，每天审案时，"证人"的证词是多么缺乏准确性。一个案件，他们从不同的角度看，证词五花八门。一些人注意到的细节较多，但几乎无人能把视野里的东西"一览无余"。

啊，我要是能看得见就好了，哪怕只给我三天的时间。我将把缤纷的现象尽收眼底！

第一天会是很忙碌的，我要把所有的亲朋好友都叫来，久久端详他们的面容，永远记住反映他们美丽心灵的外表特征。我还要让我的目光停留在一个婴儿的脸上，欣赏他那热切、单纯、美丽的面容——那是一副尚未阅历人世间沧桑的表情。

而且，我要看看我的狗那忠诚、信任的眼睛——庄重、机灵的苏格兰小猎犬达基和健壮、善解人意的丹麦猛犬赫尔加是我的朋友，它们热情、温柔和顽皮，成为我巨大的安慰。在忙忙碌碌的第一天，我还要瞧瞧家里的那些简单的小摆设。我渴望看看脚下暖色的地毯以及墙上的图画，欣赏一下洋溢着家庭气氛的亲切的小物件。我还要怀着敬意看看那些自己读过的阳文铅字书，但对于眼睛好的人所读的书我会更感兴趣。在我漫漫的人生长夜里，我读过的书以及别人念给我听的书构成了一座闪闪发光的巨大灯塔，向我揭示了人生以及人类思想最深层次的意义。

眼睛能看得见的第一天下午，我要到森林里好好散散步，陶醉地观赏旖旎的风光，在短短的几个小时中争取把那幅持续不断在眼睛好的人面前展开的壮丽画卷尽收眼底。林间远足返程中，脚下的小路紧贴农场穿过，于是我可以看到勤奋的马儿（或许只可以看见一台拖拉机）在田间耕犁，可以看到乐天知命的农夫跟泥土紧密相偎的景象。我还可以看到色彩斑斓的落日余晖，我真该为它的壮观而祈祷。

暮色垂降，我为能够看到人造光而倍感欢欣——那是大自然黑暗笼罩时，天才的人类创造出的光芒，以延展他的视力。

恢复视力的第一天，夜间我无法入睡，脑海中充满了白天的记忆。

第二天

次日是我恢复视力的第二天。我会随曙光一道起床，观看黑夜转成白昼那激动人心的奇迹。我要怀着肃然敬畏的心情，去看太阳以万道金光唤醒沉睡的大地时那壮观的景象。

我要用这一天匆匆浏览这个世界，了解它的过去和现在。我很想看一看波澜壮阔的人类进步史，看一看叫人眼花缭乱的时代变迁。要看的东西太多，一天怎能看得完呢？当然要到博物馆看喽。纽约自然历史博物馆是我的常去之地——我用手触摸琳琅的展品。不过，我渴望用眼睛看馆中列出的关于地球以及地球居民那浓缩的历史。那儿展览的有动物和人类在自然环境中共存的画面，有恐龙和乳齿象那巨大的骨架——这些动物早在人类出现之前就漫游于地球各处，后来身材小巧但大脑发达的人类征服了动物王国。馆中逼真展现了动物和人类进化的过程，展现了人类如何发明工具，如何用工具在这个星球上为自己建立了一个安全的家园，还展现了其他许许多多自然历史的片段。

读这篇文章的人，有多少去过那个激发人灵感的博物馆，看过那儿展出的形象逼真的生动画面？许多人当然没有这个机会，但我肯定许多人有机会却没有利用。那儿的确是一个叫人开眼界的地方。眼睛好的人可以在那儿度过许多收效丰硕的日子，而我只有虚拟出来的三天时间，仅能够匆匆一瞥，而后便要离去。

我的下一站将是大都会艺术博物馆。自然历史博物馆展示这个世界物质方面的内容，而大都会艺术博物馆则展示人类精神世界的方方面面。在人类历史的长河中，人们渴望艺术表现，而这种渴望几乎就跟他们对食物、对住所以及繁衍的渴望一样强烈。在这里，在大都会博物馆那宽敞的大厅里，在我面前展示出通过艺术形式表达出来的古埃及、古希腊和古罗马的精神世界。通过手的触摸我已经很熟悉古代尼罗河流域的众神的塑像了。我触摸过巴特农神殿中楣石柱的复制品，感觉到了冲锋陷阵的雅典武士雕像那匀称和谐的美。阿波罗、维纳斯和有翅膀的萨摩丝雷斯胜利女神是我用手指尖结交的朋友。荷马那疙里疙瘩、胡子拉碴的雕像叫我感到无比亲切，因为他也是盲人。

我曾久久抚摸古罗马以及后人创作的那些栩栩如生的大理石雕像，也曾让我的手滑过米开朗基罗为鼓舞人心的英雄摩西创作的石膏像；我感受到了罗丹的艺术力量；对哥特木雕那火热的精神我深感敬畏。这些可以触摸到的艺术品对我有着实在意义，但即便如此，它们原本也是供人观赏而非触摸的——艺术品之美我一无所知，只能猜测猜测而已。我可以欣赏希腊花瓶上质朴的线条，却无法了解花瓶精美的装饰。

所以，眼睛能看得见的第二天，我要借助艺术深入研究人类的灵魂。以前通过触摸了解艺术，现在要一睹其风采了。最可喜的是，整个壮观的油画世界就要在我眼前揭开序幕了，里面有宁静、虔诚、宗教风格的意大利文艺复兴前的作品，也有热情奔放的现代画。对于拉斐尔、列奥纳多·达芬奇、提香以及伦勃朗的画作，我可要好好欣赏欣赏。我要贪婪地观赏委罗内塞的暖色画,专注地研究埃尔·格列科的神秘画面,从科罗那里领略大自然的新视觉。啊!对你们有眼能看的人来说,各个时代的艺术中有着多么丰富的意义和美感!

在这所艺术的殿堂里停留的时间毕竟太短,我无法充分领略对你们敞开大门的伟大艺术世界的魅力,而只能获得浮面的印象。艺术家告诉我,要能真正深刻地鉴赏艺术,就得训练眼力。就必须通过经验学会欣赏线条、构图、形态和色彩的价值。假如我能看得见,从事这么一种令人陶醉的研究,会给我多么大的幸福感啊!但有人告诉我:对有眼睛可看的许多人来说,艺术的世界是一片黑暗,未曾开发,没有曙光。

大都会博物馆里有欣赏美的金钥匙——那是一种往往被忽略的美。离开这儿,会让我恋恋不舍。诚然,小型博物馆里也有金钥匙,甚至连小博物馆书架上的藏书里亦有金钥匙。可我假想自己眼睛能看见,时间是有限的,故而自然要选择一个博物馆,里面的金钥匙能在最短的时间里打开最丰盛的艺术宝库。

恢复视力的第二天晚上,我要在戏剧院或电影院度过。即便现在,我也经常去看各种戏剧表演,但剧情需要由一个同伴拼写在我手上。我多么想亲眼看到哈姆雷特那迷人的形象,或者看一看在色彩艳丽的伊丽莎白时代布景中的风风火火的伏尔斯塔夫!我多么想欣赏优雅的哈姆雷特的一举一动,欣赏热忱的伏尔斯塔夫那昂首阔步的样子!可惜我只能看一出戏,这就叫我深深陷于窘境了,因为我想看的戏有好几十出呢。你们眼睛好的人,想看什么戏就看什么戏。无论看戏、看电影,抑或欣赏景观,你们有神奇的视力,可以看到色彩、演员的风姿及其一举一动,但不知你们有多少人对此心存感激?

除非在我的手能触摸到的范围内,否则我无法欣赏动作的节奏之美。虽然我领略过节奏给我带来的欢乐——当音乐的振动靠地板传播

对于进入视野里的所有东西,你的眼睛都会"触摸"和"拥抱"。

时,我经常能感觉到它的节奏;可是对于巴甫洛娃优美的舞姿,我却只能模糊地想象一番。完全可以想得到,节奏感强的舞姿一定是世界上最叫人赏心悦目的画面。用手指触摸大理石雕像的线条,可以获得一些美的感受,这种静态美尚且令人动心,那么眼睛看到动态之美,该会怎样叫人销魂啊。

约瑟夫·杰佛逊表演他心爱的角色瑞普·范·温克尔的言谈举止时,曾允许我触摸他的脸和手。那是一段极为珍贵的记忆。于是,对于戏剧世界,我总算有了浅显的认识。我永远也忘不了那一瞬间给予我的欢乐。但是,唉,其中有多少细节我却无法看到。你们眼睛好的人在观看戏剧表演时,眼看动作、耳听台词,从中能获得多么大的乐趣啊!我读过,或者说靠哑语字母了解过一百部剧本,现在哪怕是只能用眼睛观看一出戏,我的脑海里都可以想象得来那一百出戏剧里出现的情景。

就在我想象自己能看得见的第二天晚上,由于看了一出戏,睡梦中便充满了平时靠手指读过的戏剧文学作品里的情景。

第三天

次日早上,我要再次迎接黎明,急切地去寻找新的欢乐。我坚信,凡是眼睛能看得见的人,每一天都会对"美"有新的发现。

根据我幻想出现奇迹时所列的条件,这是我能看到东西的第三天,也是最后一天。此时无闲暇嗟叹后悔或想入非非——要看的东西太多了。第一天的时间用在了"朋友"身上——其中有人也有物。第二天用于了解人类和大自然的历史。而今天,我要寻一个饮食男女们常来常往的地方,在充满人间烟火的气氛里度过。在哪儿还可以找到像纽约这样熙熙攘攘、热热闹闹的地方呢!于是,纽约成了我的目的地。

我家住在长岛森林岗的郊区,那儿气氛宁静,到处绿草如茵、树荫似盖、鲜花盛开,一幢幢的小房子排列整齐。那儿荡漾着女人和孩子的欢声笑语,处处可见他们的身影,是那些在城市里拼搏的男人们的安乐窝。从家中出发,我驾车穿过横跨东河的花边状钢铁大桥,以全新和惊诧的目光欣赏着强有力和具有独创性的人类大脑所创造的业绩。河面上的船只来来往往,机声隆隆,有如飞的快艇,也有呆头呆脑、喘着粗气的拖驳。假如我多有几天观察事物的时间,我就来这里久久观赏河面上充满欢乐气氛的景象。

眺望前方,只见纽约的高楼大厦拔地而起,气氛壮观——那城市像是从童话故事书里钻出来的。一幅令人咂舌的景象赫然出现——尖塔闪闪发光,石头和钢铁结构的楼房鳞次栉比,像是神仙一手创造出来的!这幅生气勃勃的图景是千百万人每天生命的一部分。到底有多少人会多看它一眼?恐怕很少,人们的眼睛对这辉煌的景象熟视无睹,因为这对他们来说太熟悉了。

我奔向那些庞大的建筑物,爬上其中的帝国大厦顶端。不久前,我通过秘书的眼睛从那儿"俯瞰"过这座城市。现在我急不可耐地要把自己的想象与现实做一比较。我坚信自己对眼前辽阔的景象不会失望的，因为那对我而言会是天堂美景。

接下来我开始游览这座城市。首先，我站在一个人群熙攘的街角，仅仅是要观察人们，争取从对他们的观察中了解他们的生活。看到笑容，我就感到高兴；看到沉着坚毅的表情，我就为同类感到骄傲；看到痛苦的神情，我就生出恻隐之心。

我漫步于第五大道，任目光漫游，不是盯着一个东西看，而是观赏色彩缤纷的大千世界。在人流里游动的女人穿红着绿，肯定是一幅美丽的景象，会让我百看不厌的。不过，我要是眼睛好，也许会跟大多数女人一样，只对自己衣服的款式及剪裁感兴趣，而不会注意人群中斑斓的色彩。而且，我肯定会积习成瘾，喜欢上逛商店，因为那儿陈列的商品琳琅满目，赏心悦目。

从第五大道我继续游览这座城市——派克大道、贫民窟、工厂以及儿童游乐的公园，都会留下我的足迹。我要参观外国居民区，全当作"足不出国"的海外游。我要睁大眼睛观察所有的现象，既要看到幸福也要看到苦难，以深入了解和研究人们工作及生活的状况。我的心里会出现形形色色的人及事。对于细微的现象，我也不会"走马观花"，而是"事无巨细"都仔细观察。有些现象令人惬意，使心里充满欢乐，而有些则是悲惨的，令人扼腕。对于悲惨现象，我绝不会闭上眼睛，因为这也是生活的一个组成部分。闭上眼睛漠不关心，就等于关闭了同情之心。

第三天眼看就要结束了。在剩下来的几个小时里，也许还有许多强烈的愿望需要实现，但恐怕在这最后一天的晚上我仍要跑到戏剧院里去看一出滑稽幽默的戏，从中欣赏人类精神宝库里喜剧的含蓄魅力。

午夜，我短暂的复明期就会结束，永恒的黑夜又会降临。短短的三天里，自然不可能把所有自己想看的东西都看个遍。只有当黑暗又一次压来时，我才意识到有几多景象未及观赏。不过，我的脑海里已经充满了美好的回忆，无暇后悔嗟叹了。以后，每用手触摸到一件物品，都会勾起我美好的回忆，使我想起那件物品的形貌。

我对如何利用三天复明期进行了简单描述。假如你设想自己会突然失明，就会给自己订一个规划，而我的描述也许跟你的规划并不一致。但我相信：如果你真的要遭此厄运，你就会睁大眼睛观察以前没有留意的现象，为即将来临的长夜储备记忆。你会以前所未有的方式使用自己的眼睛，珍视自己所看到的一切。对于进入视野里的所有东西，你的眼睛都会"触摸"和"拥抱"。那时，你终于真正懂得了"看"，于是一个全新的美丽世界将会在你的眼前徐徐展开。

我，一个盲人，可以给那些眼睛好的人一个提示——这是对想充分利用视力的人的一个忠告：就假设明天你会突然失明，好好利用你的双眼吧。这同样的方法也能用于其他的感觉上——就假设你明天会突然失聪，用心去听悦耳的乐声、鸟儿的啁啾、乐队演奏的雄壮曲调吧；假设你明天会丧失触觉，仔细抚摸每一件你想摸的东西吧；就假设明天你会永远失去嗅觉和味觉，劝你好好闻一闻花的芬芳，津津有味地品尝每一口食物。大自然通过各种各样的途径向你展示了这个世界上形形色色的欢乐和美，你应该最大限度地利用每一个感官去享受。而在所有的感觉里，我坚信视觉是最能给人以欢乐的。

蜗牛

【法】弗朗西斯·蓬热

蜗牛喜欢潮湿的土壤,总是贴着地面爬行,身上粘着泥土。它们在泥土中寻食,也把排泄物留在土里。泥土裹罩着它们的身体,而它们终日在泥土里旅行——泥土和它们相互渗透,似乎难以分出彼此。不过,二者之中有一个是积极的,另一个则是消极的;消极的喂养积极的,积极的离不开消极的,从中吸取养分。

蜗牛虽然喜欢潮湿的地方,然而并不喜欢沼泽和池塘。它们喜欢的是土壤——这种土壤肥沃和潮湿。

蜗牛除了在土里寻找食物,也喜欢吃蔬菜和汁液多的绿叶植物。在这方面它们颇为在行,专挑最嫩的叶子吃,剩下的茎秆则不闻不问。说来,它们可是蔬菜的一大敌人。

蜗牛是一种胆小的动物。它们的身体一旦伸出外壳裸露在外，就会显得十分警觉，一遇风吹草动就赶紧把身子缩回去。身体出壳时，它们会急速爬行，生怕有什么不测。静止的蜗牛，十有八九是将身体缩进蜗牛壳里的。

在干燥的季节，它们往往潜藏在土沟的底部。只要有它们的身影，那地方肯定是潮湿的。

蜗牛虽然喜欢土沟的环境，但它们不会永久居住在那儿，因为它们更向往流浪的生活。当然，在云游天下时，背负着一个沉重的壳儿的确不方便。但它们并不觉得那是个累赘，因为它们随时可以躲进去休息或规避危险。

不管它们走到何处，都快快乐乐，一副幸福的样子。它们一边爬行，一边用涎水在身后留下印迹——一道道银光闪闪的轨迹。

蜗牛是独行侠，身边没有朋友。它们只跟土地、植物以及天空交朋友。它们与大自然亲密无间，和大自然紧紧依偎在一起。在大自然旖旎的风光里，它们会高昂起头来，圆睁敏锐的眼睛，显得高贵、从容、聪明和自豪。

人生旅途

【丹麦】勃兰兑斯

人生犹如一座高塔,每个人都必须攀爬。这座塔大约有一百级阶梯,而塔的内部是空心的。倘若一个人爬到顶端,就会从上面摔下来。不过,恐怕任何人都无法达到顶端。一个人的命运往往如此:他在攀爬的过程中,在到达某一级阶梯时,阶梯会忽然从脚下消失,就好像是他一不小心踏上了陷阱的盖板,而他也就随之消失了。这个人并不知道自己踏上的是哪一级阶梯,弄不清那是第二十级还是第六十三级,或者是别的哪一级阶梯；他所知道的只有一点：那些阶梯中肯定会有一级要从脚下消失。

最初，攀爬阶梯并不费劲，不过很缓慢。这个过程没有什么困难，而且每一级你都可以从塔的瞭望孔欣赏到旖旎的风光。周围的一切都充满活力，是欣欣向荣的。无论远近，所有的景物都叫你心醉神迷——前途一片灿烂，有着无限的风光。往上攀爬，难度会不断加大，你的目光会有一种疲劳和乏味感，觉得一切事物都是相同的。在每一级阶梯上，一点没有值得你留恋的东西。你真想加快脚步，一连爬上几级阶梯，但这是不可能做到的。

通常的情况是：一个人每年爬一级阶梯，此时他的旅伴会对他表示祝贺，祝贺他没有从塔上摔下去。当他爬完十级阶梯抵达一个平台后，他听到的祝贺声会更加热烈。旅伴们似乎都希望他能长久地攀登不止。受到祝贺的人一般都深受感动，却忘了留在自己身后的东西没有什么可以叫他自豪的，也忘了自己并不知有什么样的灾难正在前方等着他呢。

大多数凡夫俗子的一生都是这样度过的。从精神层面上而言，他们停留在同一个地方。

还有一种比喻：人生犹如挖地道。走进这个地道，每个人都想一试身手，想深入到地道的深处。还有一些人渴望了解和探索许多世纪之前老一代人挖掘出的坑道。年复一年，他们不断地挖掘和研究，深入到埋藏金属和矿物的地方。他们逐渐熟悉了那地下世界，在迷宫般的坑道里寻路前行，坚持不懈地工作，并乐此不疲，忘记了岁月的流逝。

这就是他们的一生。他们在思想领域里挖掘、劳动和研究，两耳不闻窗外事。他们选择的是孤独、静默的工作，而他们醉心于其中，不辞劳苦，忘掉了扰攘的生活，忘掉了精彩的世界。当死神前来召唤他们时,他们则像阿基米德[1]那样提出请求:"请不要弄乱我的几何图形!"

对于某些人而言,人生就是一片广阔无边的区域。他们渴望征服眼前的领土,心中燃烧着熊熊的火焰。在越烧越旺的欲火的驱动下,他们要不断地攫取更多的土地,征服更多的人,得到更开阔的视野,获得更丰富的经验。军事远征诱惑着他们,而获得权力是他们最大的乐趣。他们渴望让自己的形象占据世人的心头。他们是不知足的、不可测的、强有力的。他们利用时光展开自己的事业,而岁月并不令他们畏惧和讨厌。他们始终保持着青春的全部特征——爱冒险、爱生活、爱争斗,精力充沛,头脑灵活。他们根本不管年老不年老,到死都是年轻的。恰如鲑鱼喜欢迎着激流而上,他们的天性就是在生活的激流中拼搏。

---

[1]阿基米德(公元前287—公元前212),古希腊数学家。相传罗马人攻破叙拉古城时,他正在画几何图形,于是向举起了屠刀杀他的罗马人说道:"请不要弄乱我的几何图形!"

生命力

【英】毛姆

生命力是强大的、活跃的,它给人带来的欢乐可以抵消生活中产生的艰难和沮丧。它在人的内心世界发生效应,以它自身的火焰照耀人生,所以你不管遇到什么样的逆境,总觉得还可以挺过去。悲观主义的产生往往是因为你胡思乱想,构思出不真实情景的结果,就像小说中描绘的那样。小说家以他的私人小天地作为背景和素材,把自己的敏感性、思维能力以及感情力量加在他构思出的人物身上。大多数人并不具有这样的想象力,他们感觉不到想象力丰富的人觉得无法忍受的那种坎坷境遇。

至于私生活是否受到干扰,穷人并

不在乎，而我们却很重视，最怕私生活受到打扰。穷人不喜欢独处，因为和大伙儿在一起令他们感到充实。我们可以注意到：他们并不妒羡有钱人。事实上，我们认为必不可少的东西，有许多他们觉得并不需要。这是富人的福气，因为除过瞎子谁都看得到，穷人的生活是何等艰难，终日挣扎在失业和贫困的泥潭中。他们如果产生变革和革命的念头，是不足为奇的。

我们可以看到，即便在今天，那些所谓的文明国家里人与人之间的关系是多么残酷无情，真不能轻易就断言他们的日子过得比以前好。不过，话又说回来，这个世界整体来说还是比以前强的。大多数人的命运虽然不好，总不似过去那样悲惨可怕了。我们有理由希望：随着知识的进步，许多可悲的迷信和腐朽的习俗都将被消除，取而代之的是生机勃勃的博爱精神。总有一天，许多令人们深受其害的邪恶现象都将被彻底根除。

人类是大自然手中的玩物——地震给人类的生活造成惨重灾害，干旱使谷物枯萎，洪水将人们精心建起的房屋冲毁。人类由于愚蠢观念的驱使，彼此之间征伐不断。如今，世界上的人可以划为两大类——弱者和强者，前者总是被后者逼得走投无路。只要人们一天不摆脱私人占有欲，就会有蛮横的人从柔弱的人手中抢夺财物。只要人们以自我为中心的观念存在一天，就会有人践踏别人的幸福，而达到自己的目的。总而言之，所有的人随时都要面对邪恶的诱惑以及祸患的威胁。

邪恶的存在，无从解释。它只能被视为是宇宙里一个不可缺少的成分。如果你无视它，那你就是幼稚的，唉声叹气也是徒然。斯宾诺莎说"唉声叹气"是女子气的，该形容词出自这位严肃的思想家之口包含有批评的意味。我想他的意思是：对无法改变的事情悲哀，完全是白白浪费感情。

我并非是一个悲观的人。真的,若说我悲观,那是极其荒谬的。我是个幸运儿,常对自己有这么好的运气而感到奇怪。我很清楚,许多比我强的人,却没有享受到我这样的幸福。这儿出现一种偶然情况,那儿出现一种偶然情况,都可能改变全局,令我品尝失败的苦果——许多才能和我不相上下,或者才能超过我的人,机会也和我相等,就是因为"偶然情况"而功亏一篑。他们当中如果有碰巧读到这几页书的,我请他们相信,我并不是妄自尊大,把自己所得到的一切归于"成就"。我认为自己的收获完全是由于各种无法解释的情况凑合在了一起而促成的。

现在我们所处的时代颇耐人寻味。如今的年轻人带着诸多有利条件进入社会,而这些有利条件是我们那一代年轻人所无法具备的。他们受到的陈风陋俗的约束比我们少,懂得青春是何等的宝贵。我二十几岁时,心理条件却是老化的,只求青年时代赶快过去,以早日进入壮年期。今天的小伙子和姑娘们(至少在我们那个中产阶层如此),比我们那时候要优越得多了。他们受到的教育令他们懂得了很多对他们有用的东西,而我们那时得靠自己去摸索,零零星星地学习。现在的两性关系也比较正常了,青年女性懂得如何爱青年男子、做他们的伴侣了。

我们那一代是追求妇女解放的一代。这本身是很好的,但也出现了一个问题:妇女们不再甘心留在家中当贤妻良母了,而是离开男人,去从事自己力所不及的事业,将家庭生活置于不顾。现在的年轻女性则强多了,她们能干、自信,既能管理好办公室的事务,又能打精彩的网球,同时头脑清晰地关心公众事物,能够欣赏艺术,用冷静、明智的目光看待生活,处理好事业与家庭的关系。

展望老年,我并不感到沮丧。劳兰斯去世时,报纸上登了一篇他的朋友写的悼念文章,其中提到他喜欢飙车,驾驶着摩托车在公路上狂奔，希望有一场车祸能让他在精力充沛的时候结束他的生命，免得蒙受老年的耻辱。如果这是实情，那就是这位传奇性人物的一大缺点了。这说明他缺乏理智。

完整的人生应该包括青年、壮年，也包括老年。早晨的清丽和中午的辉煌固然美好，但如果你拉上窗帘，打开电灯，为的是挡开黄昏宁静的景色，那你准是个愚蠢的人。老年有自身的乐趣，虽与年轻人的乐趣不同，却也并不逊色。蠢人的老年会是愚蠢的，但他的年轻时代不也是如此吗？！年轻人将老年视为危险的结局，因为他们以为到了那个时候他们还会渴求令他们青春生活中丰富多彩和生气勃勃的事情。他们错了。的确，老年人没有本事再攀登高山，或者在情场上春风得意——他们再也引不起年轻异性的性欲。不过，他们也不用再为情场上的失意而痛苦了，也不会再为具有强烈的嫉妒心而遭受熬煎了，这一点颇为重要。那经常毒害青春的妒忌情绪，将因欲望的衰退而减弱。

这些是消极的补偿。老年也有积极的补偿——人到了老年，反而有更多的时间。年轻的时候，我在书上看到，古罗马政治家卡托在八十岁时开始学希腊文，当时感到十分惊奇，现在就不觉得奇怪了。一些耗时费力的任务叫年轻人望而却步，而老年人却勇于承担。到了老年，鉴赏力也提高了，可以排除掉年轻时妨碍判断力的偏见，更好地欣赏文学艺术了。老年有一种对人生的满足感，从自我主义的桎梏中解放出来，获得灵魂的自由，在流逝的光阴中逍遥自在，却不求时光停滞不前——它已完成了人生的各种形式。

创造

【法】罗曼·罗兰

生命犹如一张弓,而弓弦就是梦想。弯弓射箭的人在哪里?

我见过一些优质漂亮的弓,用柔韧的木料做成,上面没有一点瑕疵,简直完美到了极点,可惜派不上用场。

我见过一些微微颤抖的弓弦,在一片沉寂中战栗,仿佛连内脏都在抖动。它们绷紧了,即将砰的一声高唱起来……银矢将飞翔于空中,在空气中散播音符,激起一层涟漪……可是,它们在等什么？为什么没有行动？……末了，它们松弛了。没有任何人听到它们高唱。

战栗消失在了沉寂之中……银矢在沉睡。

弓箭手何在？他什么时候才会来拉弓呢？

他很早以前就把手搭在了弓上，搭在了我的梦想上。我从来都没有躲避过。只有上帝才知道我是怎样在全心全意地梦想！我的一生就是一场梦。我梦着我的爱、我的理想和追求。在夜间，当我睡不着的时候；白天，当我幻想的时候——我多么需要……我的主人——我的弓箭手却睡着了。即使在睡着的时候，他也紧挨着我。我躺在他身边，就像那张弓，感觉到他的手放在我光滑的木杆上。他的手非常好看，手指柔软、修长。那手指不时抚弄着弓弦，让弓弦发出嗡嗡的响声。我全身战栗，并将这种战栗传送给弓箭手。我紧张地等待着，等待着他把我揽入怀中。

所有的人，一切有生命的人都在他的掌握之中！所有的生命都在等待着行动！

生命的意义何在？！要让生活有价值，就得行动！弓箭手啊，你听见了吗？我在向你呼吁！生命之弓就放在你的脚下。弯下身子，把我拿起来吧！把银矢搭在我的弓弦上，让它飞出去吧！

只听嗖的一声，我的银矢飞了出去。弓箭手把手放下来，眼睛注视着消失在远方的银矢。而那震颤的弓弦慢慢静下来，归于静默。

多么神秘的发泄啊！这其中的道理谁能解释得清？一切生命的意义恐怕就在于此——在于"发射"，在于创造。

世间万物都追求生命的刺激，渴望在刺激的状态里生活。那一草一木、那东游西荡的野兽，都具有蓬勃的生命力；它们虽然没有人类这样的智慧，但它们在朦胧之中期待着。

人类不仅期待，还需要行动！

可是，对于某些人而言，创造的使者只是站在了门口，并没有进门。对于另一些人，创造的使者进了房门，用脚碰了碰他们说："醒醒吧，起来行动！"

于是，我们一跃而起……

我们创造，所以我们生存。生命中的第一个行动就是创造性的行动。一个男婴刚从母亲的子宫里钻出来，立刻就会洒下几滴精液。一切都可以成为种子——人的身体和思想都可以生长发芽。造物主每一天都在创造，即便在安息日他也不会休息。哪怕有片刻的停息，他也受不了，终将死去！"空虚"张开血盆大口，在等待着所有不愿意创造、拒绝创造的人们！

外表和内核

【黎】纪伯伦

饮完一杯苦酒之后,我发现杯底往往残留的是蜜浆。

步入一座森林,我们经常会看到眼前出现一片绿色的原野。

在弥漫的夜幕里,和朋友失散,我却在晨曦里看到了他的身影。

不知有多少次,我曾刻苦工作,以这样的外表掩饰内心的痛苦和烦恼,心想以此作为补救。当我脱去外衣,露出内核时,发现痛苦已化为欢乐,烦恼已转为平静和安详。

多少次,我和同事到野外散步,我心想此人是多么愚蠢、多么迟钝。但是,当双方彼此袒露隐秘的内心世界,我立刻发现自己是多么无知和武断，而我的同事则充满了智慧和幽默。

多少次，我曾胡思乱想，觉得自己是一只纯洁的羔羊，而和我坐在一起的人是凶狠的豺狼。可是，醒过神之后，我发现我和他都是同样的人。

人啊人！我们常常被表面的现象所迷惑，从而忽略了彼此的实质。如果有人被绊倒，我们会说他摔了一跤；倘若有人说不出话来，我们会断定他是哑巴；假如有人呻吟，我们会说他这是临终前的喘息，说他很快就魂归天际。

我和你都太注重外表，因而看不到"我"和"你"灵魂深处的秘密。

我们如此高傲，竟然忽视了自身的实质。那么，应该怎样才好呢？

我告诉你，也告诉我自己：我们用肉眼看到的一切，只不过是一片烟云，它遮住了我们只能用洞察秋毫的目光才能看得到的万般景象。我们耳朵里听到的只是嘈杂混乱的声响，它扰乱了我们只有用心灵才能听到的一切。假如我们看见一个警察把一个人押往监狱，我们不该急着去判断谁是真正的罪犯。如果看见一个人倒在血泊之中，另一个人双手沾满了鲜血，你可千万不要贸然断定谁是凶手。假如听见一个人在唱歌，而另一个人在哭泣，我们需要耐心等待，最后才能知道究竟谁心里荡漾着欢乐。

朋友啊，我们不能从一个人的外表判断他的实质，不能以他的一言一行作为衡量他心灵的标准。一个被你瞧不起的拙嘴笨舌的人，也许是一个天资聪敏、心地善良的人呢。一个面孔丑陋、生活贫困的人，说不定是天之骄子呢。

有一天，也许你会去参观一座宫殿和一座茅屋。走进宫殿，你会肃然起敬；步入茅屋，你会觉得寒酸，产生怜悯之感。但是，假如撕破外表的假象，你的"肃然起敬"也许会变为"怜悯之感"，而怜悯很可能会上升为崇敬。

也许你会遇到这样两个人：一个人说话粗声大气，举止果断，有着军人的阳刚之气；另一个人说话时战战兢兢，声音发抖，一句话都说不囫囵。于是你断定前者勇敢，后者怯懦。但是，当他们遇到艰难险阻时，当需要为原则做出牺牲时，你会懂得冠冕堂皇掩饰下的唐突行为并非勇敢，说话羞怯并非行动上的软弱。

你在家中凭窗远望，看见一位修女和一个妓女从街头走过。你会脱口而出："一个是何等高尚，另一个是多么无耻！"但是，如果你闭目静听，会听见天上有一个声音在说："这位修女用祈祷向我提出要求，而那个妓女满怀悲痛地向我苦苦哀求。"这时，你心里是什么滋味？

你周游世界，想开开眼界，于是四处寻找所谓的文明与进步。你走进一座城市，这儿高楼林立，街道宽敞，车水马龙，霓虹灯高悬，完全是一派繁荣景象。居民们有的在做穿越地球的旅行，有的在准备太空翱翔，有的在追风逐雨。他们一个个气宇轩昂，衣着考究，每一天都像是在过盛大节日。

几天之后，你来到另一座城市。这儿房屋简陋、街道狭窄。居民仍生活在原始状态，他们行动迟缓，一副漫不经心的样子。他们看你时，眼睛后边似乎还有一只眼睛在向远处眺望。你感到厌恶，急忙逃离这座城市，心里嘀咕道："这两座城市真是有天壤之别。那边朝气蓬勃，这儿却死气沉沉。那边充满了春夏的活力，这儿却满目是冬秋的迟暮。那边像年轻人在花园里快乐地跳舞，这儿却似衰弱的老年人躺在沙滩上。"

假如你借助天眼观察这两座城市，就会看到它们原来是长在一个园子里的两棵相仿的树。一旦认清实质，你会发现所谓的进步只不过是晶莹剔透、转瞬即逝的水泡，而你所谓的迟暮，却是隐蔽的永恒的实质。

不，宗教不应该注重寺院和仪式，而应该注重教徒虔诚的心。

不,生活不在其外表,而在其实质;事物不在其外壳,而在其精华;人不在其外貌,而在其心。

不,艺术不在于你听到的歌声的悠扬,不在于诗歌的铿锵,也不在于绘画的线条和色彩。艺术在于歌曲颤抖的灵魂,在于诗人通过诗歌传给你的他内心深沉、孤寂的情感,在于画作对你的启示和鼓励你对美好事物的向往。

步入老年

【英】亚瑟·本森

我独自一人沿着河边返回家中。太阳在光秃秃的榆树以及塔楼的城垛后面放射出红艳艳的光芒；烟囱里飘浮出薄纱似的淡淡的烟雾，在金色的阳光下呈现出蓝蓝的颜色。体育比赛刚刚结束，观众们纷纷向镇上走去，里面夹杂着运动员的身影，一个个汗津津，衣服上泥迹斑斑。我在河岸上溜达了半个下午，目送着船只来来往往，听听公鸡的鸣叫，再听听船桨有节奏的击水声、桨架那咯吱咯吱有韵律的声音以及渡船上铁链相互摩擦的声音。二十五年前，我自己曾经挥桨划过其中的一只船。不过，我可不愿意重温那段经历了。真不明白，我当时为什么会在错误地理解爱国主义的情况下参加了划船的行列。我不是一名好桨手，最终也没有在划船方面有突出成就。我对自己的表现并不抱有幻想，即便有过短时间的自豪感,也会被岸上教练员那粗喉咙大嗓门的批评吆喝声所淹没。不过,虽然无意重温那段过程,不愿再次从事那种奴役似的劳动,但此时观看到那种欢天喜地的场面,心里还是有些苦涩,因为我觉得自己告别了某样东西——身体的柔韧性、精神的蓬勃性。当时我对这些一无所知,而此时认定自己一定拥有过。看到眼前那些年轻健壮的身影,看着他们生龙活虎划船的劲头,我感到很是羡慕。只见人影晃动,几个年轻人抬着一只小船,形成了一支庄严肃穆的队伍,踩着沙砾走过,脚下嘎吱嘎吱作响。两个小伙子刚刚划完船,在水边跳起了舞来,姿势疯狂而随意。一个尾桨手在一本正经地跟教练探讨问题,旁边有一个清秀的年轻人迈着轻快的步子走过,满脸的高兴表情,显然要去参加聚会什么的,度过一个欢乐的夜晚。我在心里说道:"尽情享受这美好的时光吧,我的孩子们!"

……我有一种看法:一个人应该平静、恬淡地步入老年。人生要过得心满意足、无怨无悔,娱乐和追求应该交叉进行,顺其自然地转换角色。退出舞台时,千万不要赖着不走,大喊大叫地抓住栏杆不放,而应该带着微笑离开。当然,此话说起来容易做起来难。可以想象,一个足球运动员失去了自己在足球场上的位置,那该是一个多么让人心酸的时刻啊!不过,如果这一时刻注定要来到,那就还不如轻松应对,大可不必失魂落魄的。

青春固然值得人留恋,但步入老年也并不可怕。首先,老年人没有了年轻人特有的那种令人痛苦不堪的自我意识。年轻的时候,我们平静的大脑往往被一次笨拙的举止或一句不得体的话而搅乱,认为自己成了别人的笑柄。我自己就有过这样尴尬的经历——原想惹起别人的注意,却弄巧成拙,自以为遭到了嘲笑。现在,那种"愿望"和"尴尬"都离我而去了。我不再怀有特别强烈的愿望想让别人注意我了,现在只希望观看别人表现。一旦摆脱了那种自我表现的愿望,心态就会自在多了。现在,我并不想压倒别人、征服别人,而是想顺从别人。我意识到自己的观点仅仅是沧海一粟,应该和别人的观点融为一体。

多活几个年头,就会少受几分"规矩"的约束。年轻时,我经常被迫做一些"应该"做的事情,结识"应该"结识的人,参加"应该"参加的比赛。我没有考虑过是否值得牺牲个人利益去做那些事情。以前,我住在不合心意的房子里忍受痛苦;不会射击,却被邀请去参加射击,为此而沮丧;被迫去参加舞会,和自己不喜欢的人搅和在一起。当然,一个人应当承担一些责任,但我逐渐发现,一些被认为是有趣的事情只能给人带来不快,产生的效果并不好。现在,如果要求我待在一间令人不惬意的房间里,我会一口回绝;我会拒绝参加花园宴会和舞会的邀请,因为它们会破坏我的心境;至于比赛,我能躲就躲,因为我知道自己不能从中获得欢乐。

步入老年还有一种收获,那就是耐性。年轻时,一个人会觉得错误无法弥补,灾难叫人不能忍受,虽怀有宏伟的志向却不能实现,并因此而倍感失落。焦虑像一团阴云笼罩在心间,挥之不去;绝望似毒药,毒害着年轻的灵魂。现在我明白了:错误是可以纠正的;焦虑最终将消失;灾难反而会"因祸得福";实现不了宏伟的志向,其实也并没有什么了不起的……

谎言的破灭

【英】毛姆

在人生之路上，人人都是旅行者，跋涉于不毛之地，穿越险峻的区域，不知要走多远的路，最终方能认清现实。"年轻即欢乐"乃是一种错觉，而产生这种错觉的人往往已青春不再。年轻人却清楚得很，知道自己是多么可悲可怜——他们的脑子里被塞满了虚而不实的理想，一遇到现实就碰壁，落得鼻青脸肿的下场。这一幕简直就像是他们为某一阴谋所害——饱读圣贤之书，心存高远之志，常念前辈之言（前辈们在追忆往昔时多谈及辉煌事迹，而曾经付出的艰辛早已欣然忘却），这些都使得年轻人神往虚幻的生活。他们最终一定会发现，原来他们所读的竟是满纸谎言，所闻的也是谎话连篇，一切皆为"谎"字所误。而每一次幡然醒悟无异于把一根新的钉子砸入吊在生活十字架上的残躯之中。奇怪的是，每个经历过那样痛苦幻灭梦魇的人，轮到他向晚辈讲述时，都会在内心的一种难以控制的力量驱动下，不知不觉地"添油加醋"。对菲利普而言，与海沃德交往可能是最糟糕不过的事了。海沃德没有亲自见过世面，只是畅游在文学的海洋之中。危险的是，他自欺欺人，竟然把"虚幻"当成"现实"。他真心实意地把自己的耽于美色当作浪漫的情怀，优柔寡断视为艺术家的秉性，游手好闲看作哲人的泰然心态。他弄巧成拙，欲"雅"却"俗"，用夸大的眼光看待生活，结果让一切都云遮雾罩，陷于多愁善感的金色迷雾之中。他满嘴谎言，却从不自知。当别人向他指出他说的是谎言时，他就说那是美丽的谎言。好一个唯心论者。

生与死

【意】达·芬奇

啊,你睡着了。什么是睡眠?睡眠是死亡的一种形式。唉,为什么你不勤奋工作,结出丰硕的成果,待你死后,使你的形象永远不朽,那时你将无异于永存于世间。你酣睡不醒,就成了一个不幸的死人。每一种灾祸在记忆里留下悲哀,而死亡虽为最大的灾祸,却并非如此;死亡把记忆和生命全盘毁灭,正像劳累的一天带来愉快的睡眠一样,勤劳的生命带来愉快的死亡。当我想到自己正在学会如何去生活的时候,我已经学会如何去死亡了。光阴似箭,岁月如梭,时间偷偷地溜走,白天和黑夜交叉在一起飞逝。人活一世,谁播种道德,谁就收获荣誉。废铁会生锈，死水会变腐，懒惰的人会丧失活力，无异于行尸走肉。只有勤劳的生命才是长久的。河川之水，你所触到的前浪的浪尾也就是后浪的浪头。因此，对于时间要珍惜现在。人们错误地痛惜时间的飞逝，抱怨它去得太快，看不到这一段时期只要利用得当，其实并不短暂。上天赋予我们良好的记忆力，使我们觉得发生在很久以前的事情仿佛就在眼前。我们觉得前尘旧事和现在似乎是密切关联的，目前的许多事情对我们的后辈而言就成了历史，成为对远古的回忆。这就像远处的东西被太阳光所照的时候仿佛就近在眼前，而眼前的东西却仿佛很远。

啊，时间呀时间，你销蚀万物！啊，岁月呀岁月，你摧毁一切，用尖利的牙齿一年一年地啃噬万物，一点一点地、慢慢地叫它们死亡！古希腊的海伦曾经美压群芳，但她也无法抵挡岁月的进攻。当她在镜子里看到自己日渐憔悴的面容，怎能不伤心落泪！

啊，时间呀时间，你销蚀万物！啊，岁月呀岁月，你摧毁一切！

我眼里的世界

【德】阿尔伯特·爱因斯坦

我们这些凡夫俗子的人生经历真是千奇百怪！人生旅途匆匆结束；至于人生目标，有的人自以为心里有数，其实人人都茫然不知。在日常生活中，我们从不做深入的思考，只觉得人生在世应该为他人着想——首先为周围的人着想，因为他们的笑容和安康决定着我们是否幸福；其次要为许许多多和我们素昧平生的人着想，我们满怀恻隐之心，把自己同他们的命运牢牢绑在了一起。每一天，我都要上百次地提醒自己：我的生存基础，无论是精神生活还是物质生活，靠的是别人（包括作古之人）劳动的结晶，于是我必须倾心倾力，做出相等的贡献，以回报自己已经得到、并且仍在得到的恩惠。我强烈地向往过俭朴的生活，我经常不安地感到自己在超量地消耗同胞们的劳动成果。我认为不应该有等级差异，那是不合理的以强权为基础的划分。我坚信，朴素淳朴的生活有益于每个人的身体健康和精神陶冶。

从哲学的意义讲，我根本不相信人的"自由"。每个人的行为不仅受到外界环境的限制，而且要适应内心的需要。叔本华说："一个人能够在行为上随心所欲，但并非能心想事成。"他的话自从我年轻时就实实在在启发着我的智慧。生活中每逢遇到困难的时候，无论是我自身的困难还是他人的困难，这句话都给人以无尽的抚慰，成为永不枯竭的源泉，滋润我们的"耐心"。这一意识仁慈地减轻了那压得人透不过气的责任感，使得我们不再用沉重的眼光看待自己以及他人。它有益于我们的人生观，尤其是给生活增加了本应该具有的"幽默"。

客观地说，询查一个人乃至所有人的生活的意义或目标，我一直都觉得是荒唐之举。然而每个人却都是有理想的，这种理想决定着他的行为和人生观的取向。以这一点而言，我从不把安逸和享乐看作生活的目的——贪图享受的道德观，我称之为"猪圈理想"。健康的理想，即真善美，是我的指路明灯，时常赋予我勇气，以欢快的态度面对人生。如果不是和与我同心同德的人共同奋斗，如果不是在客观世界里永无休止地从事艺术和科学研究，生活会是十分空虚的。人世间的功名利禄和荣华富贵在我眼中如粪土一般。

我具有强烈的社会正义感和社会责任感，却无明确的意愿与其他人及团体直接接触，这两点形成了古怪的对比。实际上，我是一个"孤独的旅客"。我未曾全心全意地属于我的祖国、我的家、我的朋友，甚至不属于我的亲人。在他们面前，我总有一种生疏感，总想闭门索居——这种感觉一年比一年强烈。我非常清楚自己与其他人之间缺乏相互理解及协调,却并不为之感到遗憾。毫无疑问,这样的人会失去他一部分天真无邪和无忧无虑的心境;但另一方面,他能够在很大程度上不为别人的意见、习惯和观点所左右,并且能够避免那种把他的内心平衡建立在这样一些不可靠的基础之上的诱惑。

我的政治理想是民主——让每个人都受到尊重,同时不把任何人作为偶像崇拜。受到命运之神的嘲弄,我本人成了公众顶礼膜拜的承受者(这不是我的过错,也不是靠我的努力得来的)。其原因可能是:许多人无法企及,却又渴望了解那种我竭尽绵薄之力、靠不断奋斗而实现的理想。我非常清楚:为了实现一个团体的目标,得有一个人做决策和指挥,承担起责任。但不得胁迫被领导者,他们完全能够选择自己的领袖。在我看来,强权的专制制度很快就会腐化堕落。

驾驭他人的英雄主义、毫无意义的暴力行为,以及一切打着"爱国主义"旗帜的可恶闹剧——这一切都让我恨之入骨。战争在我看来无比卑鄙下流!我宁愿被千刀万剐,也不愿同流合污,染指于这种可憎的事情。我认为民众是明智的,相信要不是一些人为了谋求经济和政治利益,通过学校及媒体有系统地蒙蔽了公众原本明亮的眼睛,战争的阴霾早已经散尽。

太阳始终金光万道。

假如不如此看待问题,那是我们的过错。

友谊使人热爱生活,爱情令人不畏死亡。

不要贫穷,也不要太富裕,中间的道路是最好的。

以自己喜欢的方式过一生

假如又回到童年

【美】本杰明·富兰克林

假如又回到童年,我做事一定要有持之以恒的毅力,决不因为处境艰难或者事情棘手半途而废。如果渴望得到光明,就得征服黑暗。毅力在效果上有时能同天赋相媲美。俗话说:"能登上金字塔的生物只有两种——老鹰和蜗牛。"假如又回到童年,我就要养成专心致志的习惯——做事情,出现任何情况都不分心。我会牢记:优秀的滑冰手一定会选定一个方向,勇往直前。如果及早养成这种专心致志的习惯,它将成为我们生活的一部分。我常听成年人说:"虽然我希望能集中注意力听牧师讲道或读书,但往往做不到。"其原因就是年轻时没有养成专注的习惯。假如现在能从头开始我的生命之旅，我就一定要更加注意培养自己的记忆力。我将不遗余力，利用一切条件增强记忆力。要准确无误地将事情记在脑海里，最初的确要做出一番小小的努力。但用不了多久，记忆的能力很快就会产生效用，以后遇到的阻力便微乎其微了。只需及早培养，记忆力自会成为一种才能。

假如又回到童年，我就要培养勇气。一位充满睿智的作家曾说过："天下唯勇者为最温文尔雅之绅士，而懦夫最残酷无情。"我们常常过多地自寻烦恼，杞人忧天。"惧怕灾祸比灾祸本身更可怕。"凡事都有危险，但镇定沉着往往能化险为夷。只要能以不变应万变，便可以高枕无忧。假如又回到童年，我就要以乐观的眼光看待人生。生活犹如一面镜子：你朝它笑，它也朝你笑；如果你双眉紧锁，向它投以怀疑的目光，它也将还你以同样的目光。内心的欢乐不仅温暖了欢乐者自己的心，也温暖了所有与之接触者的心。"谁把爱拒之于门外，也必将被爱拒之于门外。"

假如又回到童年，我就一定要养成经常说"不"字的习惯。一个少年要能挺得起腰杆，拒绝做不应该做的事——因为那事没有价值。我可以写满好几页纸阐述早年培养这一习惯的重要性。假如又回到童年，我就一定要求自己对伙伴和朋友彬彬有礼，对陌生人亦是如此。在坎坷的生活道路上，表现出礼貌来，哪怕再细小，也会像小鸟在漫长的冬天为我们歌唱，让冰天雪地的寒冬不再难熬。最后，假如又回到童年，我不会致力于为自己谋幸福，弄得就好像那是人生唯一目标似的；相反，我将致力于为他人谋幸福。

什么是爱情?

【法】普吕多姆

情人并不都是诗人——这两种概念天差地别。不过,情人却总是以诗人的眼光看待自己所爱的对象。

我喜欢"对象"这个词,用在此处极为恰当。男人所爱的女人就是岁月和疾病攻击的对象。她会变得衰老,从而失去魅力。说穿了,所谓爱情就是对美丽外貌的一种崇拜。首饰和脂粉是女人遮掩岁月留下的痕迹的一种手段,而男人们并不理解,动辄便怪她们浓妆艳抹。

极其狂妄自大的人才会相信自己被别人爱,但如果不再相信自己被别人爱,那就可怜可悲了。

情人似乎总是想让对方高兴，其程度甚于自己幸福，但归根结底他仍是利己主义者，因为他让对方高兴的目的还是为了自己获得幸福感。

对卖弄风情的女人，应该让她们多考虑一下什么是爱情，一旦她们了解了爱情的含义，就不会再卖弄风情了。

假正经是老于世故的表现，而贞洁是羞耻感的产物。贞洁的女人希望灵与肉是统一的，她们不愿只献出肉体而不献出灵魂。

不管男人对女人多么有好感，但对堕落的女人却比对堕落的男人更加蔑视。

一个真正有良知的女人，也必定是有思想有美德的人。

感情上有一大缺陷：它在因贫困而痛恨生活的同时又因欲望而羡慕奢华的生活。

对我而言，爱就是使人幸福。爱情就是为自己所爱的人做出牺牲，或至少做出贡献。

男人应该保证把爱珍存在心间，万不可在划分其性质时破坏它。爱情是感觉，也是思想，正如美本身是形式也是内容一样。没有接吻的爱是不完全的，没有柔情和尊重的爱也是不完全的。对于这两种不同的幸福，要按比例进行调和，千万不可使其枯竭——这就是爱的艺术。当人们想一口喝掉幸福之水时，会觉得并没有什么了不起的。爱情总的来说是分层次的，只有细细品尝才能品出滋味来。肉体的快感不管有多强烈，都是有限度的，过后很可能会产生某种失望。如果感情与感官享受之间不协调，便会产生痛苦。纵欲性的淫荡，是最不可取的，是给幸福画上了句号。聪明的人对幸福会精打细算，总是有所保留，而非一次就用完自己的"宝藏"。他知道如何使肉体之爱跟道德之爱一样无穷无尽、永不枯竭。

纵欲好色的人应该明白：越是尊重女人，在和女人打交道中所得到的乐趣也就越甜蜜、越令人陶醉。淫荡的享乐是可耻的。

很少有女人有足够的美德和思想让我们忽视掉她们的外貌。

正是我们对女人的爱使得她们对我们的爱显得甜蜜和幸福。假如我们不爱她们,那她们对我们的爱,对我们来说是痛苦的,不会打动我们。只有被我们爱的人所爱才是幸福的。

爱的时候得不到爱,不爱的时候却与爱相逢,这两种情况都会给我们带来痛苦。

在得到爱情之前,男人想象着最丑的女人也会让他幸福,可在这一点上他往往会失望。

爱,很平常;相爱,却很少见。爱是一种自然规律,而相爱则是一种偶然现象。

把生命献给一个人,和剥夺他的生命同等重要。

有些时候,你宁愿看到对方生病,也不愿看到对方不忠诚,这就叫做爱!

在爱的争斗中,冷静总是占上风,因为只有冷静能让你思索和深沉。

殷勤是交易,爱情是牺牲。

恋爱时,愿望和拥有之间好像隔着很远的距离,似乎要迈过一道神圣的门槛——这一步是多么巨大啊。但进门之后,二人的关系就迅速发展。在言语表达上,"您"与"你"之间的区别模糊了;感情上也出现了突然变化。以"你"相称是两颗心为了相互结合和拥有而迅速做出的调整,它消除了能力和地位上的差别,把两个人等同了起来。

演说家满足于各种各样的听众;诗人寻找精英作为歌颂的对象;情人偏爱于某一个人,没有这个人他会感到无比孤独。

没有敬意的激情可能存在,但不存在没有敬意的温情。

女人的怜悯是痛苦,而非理智。

柔情之于爱情，正如风度之于美貌，柔情是爱情的风度。

被人爱，意味着有个人想帮助你，委身于你。当你想到这一点，你会感到爱情真正的价值。

打算用婚约为对方谋幸福，也为自己创造幸福，这样的人也许有点鲁莽，却也很钟情。

不敢说"我将永远爱你"就是敷衍，但兑现这样的诺言极其艰难。

婚姻法为夫妻俩画了两道平行线，只允许他们在两条线的中间走，出了线就是违法。

在纸上放一块磁铁和一根针，磁铁可以任意支配针。把它们放在一起，它们将会完全失去作用。可一旦分开，它们又重新处于支配和被支配的地位。磁铁和针的结合并不妨碍磁铁吸引另一根针，这表明它对第一根针已冷漠——这是许多夫妻生活的写照。

出于友谊而爱的男人，人们希望看到他幸福；出于爱情而爱的女人，人们希望看到她陷入困境，以便伸出援助之手救拔她——她的幸福不会使我们快乐，除非这幸福是我们创造的。

爱情中有自私的成分，可友谊中绝不会有——一个是出借，一个是奉献。

我们很少爱上憎恨我们的男人；我们常常追逐躲避我们的女人。

友谊使人热爱生活，爱情令人不畏死亡。

爱情的表露使人神魂颠倒，友谊的表露令人耳目一新。

爱情大于友谊，因为它可以填补友谊；友谊高于爱情，因为当爱情破碎时，它能带来安慰。

情人们总是互求幸福，朋友们总是互赠幸福。

友谊的幸福在自己本身，爱情等待自己的幸福。

爱情是不断的祈求，友谊是不断的交换。

知识是有限的

【意】伽利略

他听到一阵悦耳的声音从一家酒店传出来,于是便走进去查看。他原以为会瞧见有人在拉某种琴,使弓和弦发出好听的声音,谁知看到的却是有个人在用指尖敲击茶杯的杯口,其音袅袅。他对声音产生的原因越发好奇,后来经过观察,发现黄蜂、蚊子和苍蝇不是像鸟雀那样靠气息发出断续的啼叫声,而是靠翅膀的快速振动发出不间断的嗡嗡声。他虽然有着广博的知识以及强烈的好奇心,对有些现象却始终解释不透。

他怎么也弄不清，蟋蟀尽管不会飞，却能用振翅的方式，而不是靠气息发出那种和谐且响亮的声音。

当然，他为此花去了大量时间进行研究，而且颇有所得。除此之外，他还研究了风琴、喇叭、笛子和弦乐器，了解它们发声的原理。他甚至还研究了铁簧片——只要把铁簧片含在嘴里，以口腔为共鸣体、以气息为媒介，就可以发声。

此时，他自以为是专家了，在这一领域无所不知了。可是，当他捉到一只蝉进行研究时，却陷入了困惑之中，发现自己仍很愚昧：无论堵住蝉口还是按住蝉翅，都无法减弱蝉那种尖锐的叫声。蝉鸣时，并不见它的躯壳或者身体的其他部位抖动。他将蝉翻转过来，看见它的胸部有几片硬而薄的软骨，以为声音发自软骨的抖动，于是将其折断，以止住蝉鸣。但他白费了一番气力，蝉仍鸣叫不止。他又用针刺透蝉壳，仍没有让那声音停下来。最后此事成了谜团——他仍不知蝉鸣是否发自软骨。

从此，他感到自己的知识太贫乏了。若问声音是怎么产生的，他会说出几种方式来，并加以举证，但同时会坦率地说仍有无数种方式自己并不了解。

这是我举的一个例子，还可以举出许多其他的例子来阐释大自然中事物的丰富性。我们固然应该对事物进行研究，也一定会取得成果，但我们的经验毕竟是有限的，这让我们总是处于无知的状态。彗星是怎么形成的？这八成会问得你瞠目结舌。不过，我们不要过于自责，因为我们对于掌握在手里的蝉尚没有了解透，远在天边的彗星就更是一个谜了。知识是有限的，但我们的求知欲应该是无限的……

让希望之火在胸中燃烧

【美】安德鲁·卡内基

在现实社会里，有很多人都没有远大的理想和目标，缺乏人生规划，只是做一天和尚撞一天钟，得过且过。为此，我们不得不感到遗憾。

在茫茫的人海里，这样的人随处可见。他们整天东奔西跑，并没有既定的方向，恰似一叶随波逐流的扁舟，全然不知自己安全的港湾在何方。他们在浑浑噩噩中度过了人生最美好、最宝贵的时光，荒废了一去不复返的青春岁月。细想起来，他们所做的事情没有任何意义，只是被人流挟裹着被动地朝前走。如果你问他们未来想干什么，问他们有什么样的理想，他们会张嘴结舌，什么也说不出来，因为他们心中空空如也，不知道将来要做什么，也不知道自己将来会去什么地方。他们只是在盲目地等待着，在做着白日梦，梦想着天上掉馅饼，老天爷会给他们一些赏赐，让他们得到一个惊喜。

可以想象，一个缺乏生活目标的人，一个没有主心骨的人，一个没有理想的人，在生活中怎么会不迷茫、不失落呢？一个人没有生活目标和理想，就没有动力，也不会有未来。如果你给自己设立一个明确的目标，你就会朝着那个方向不断努力，一步一个脚印，踏踏实实，最终必将获得成功，得到自己的那一份幸福。

在我的一生中，从没有听说过有哪个闲散懒惰的人能够取得骄人的成就。只有那些勤奋好学、不畏劳苦、全力以赴的人才能获得事业的成功，抵达人生的巅峰，走在时代的前列。

而那些从来不敢接受挑战的人，绝不会有勇气从事艰苦的工作（艰苦，却对自己极为有利的工作），只会是碌碌无为，游离于成功的大门之外。

每一个人，尤其是年轻人，都应该严格要求自身，不要总想过轻松却毫无意义的日子；不应沉迷于游乐之中，更不应该花天酒地。时光是宝贵的，一去就不可复返。眼前的"甜蜜"极为短暂。早晨，不能流连于热被窝，耽误了正常的工作。岂不知正常的工作正是成功人生的一个组成部分！同时，也不可凭着兴致，因一时高兴而拼命工作，兴致消失了便止步不前。你应该先学会调节自己的情绪，不管遇到什么样的情况，都对工作抱着饱满的热情。

许多人胸无大志，一事无成，究其原因是太"懒惰"。他们不愿意付出辛苦和汗水，不愿意做不能立时得到显著回报的工作。他们所希望的只是过一种舒适安逸、没有任何压力的日子。他们希望不劳而获，老是想坐享其成，渴望享受人世间最美好的东西。别人劳动的时候，他们袖手旁观，瞅准机会从中窃取别人的劳动果实。

精神上的空虚茫然和肉体上的懒惰懈怠令他们萎靡不振，使他们尽量回避现实生活中的一切责任和义务，放任自流，除了追求享受，再没有别的理想。他们的一生只能是默默无闻的，是毫无价值可言的。

一个人缺乏理想和目标，是他在人生道路上消极、颓丧的根源。于不知不觉之中，他会迷失自我。而对于那些不安于现状的人来说，应该时时检查自己努力的方向，保持清醒的头脑和高昂的斗志。要知道，一切事情的成败，都取决于我们是否有抱负、是否有理想。理想是指南针，缺之，一切都会显得苍白，生活标准也会降低。

在现实社会中，到处都可以遇到这样的一些人——他们原本有着良好的条件，具备了一切走向成功的因素，万事俱备，只等着向前来一个冲锋便可以取得辉煌的成就，可他们却迟迟不愿迈出关键的一步，结果错过了发展的机会。造成这样现象的根本原因是他们缺乏前进的动力，没有远大的抱负。拿一块手表做例子吧——表里虽然装有极为珍贵的指针，还镶嵌着昂贵的宝石，却没有安装发条。这样的表就是一块废表，没有任何用处。同样的道理：一个人不管他受过什么样高深的教育，也不管他的身体有多么强健，如果他缺乏远大的理想和抱负，那他所有的优秀的条件都没有意义和价值。

我认识很多人，他们本来才华横溢，但到了三十岁还没有一份合适的职业。他们不知道自己适合干什么，能干什么。真是空怀一身才华，却在盲目地四处碰壁。

有雄心壮志的人在很小的时候就锋芒毕露。而有些人的才华一直处于闲置和隐蔽的状态，没有得到开发和磨练，多年之后，那颗跳动的心就会慢慢趋于平静和平庸。原因很简单：任何东西，如果闲置时间过长，就会被风化，慢慢失去功效。

如果你不注意自己内心深处那种积极向上的意识，如果你不把自己的能力转化为动力，如果你不能不时地强化自己，那么等待你的只有堕落与消亡。

在我们身边的人群中，像这样郁郁不得志的人大有人在。尽管表面并没有明显的标志，但他们内心熊熊燃烧的希望之火最后熄灭，随之而至的是失望和黑暗。他们生活在这个世界上已没有任何意义，如行尸走肉一般，对社会已没有任何价值。

世上还有这样一些人——尽管他们先天的条件十分糟糕，尽管他们的处境很恶劣，但是却保持着高昂的斗志，希望之火一直在心里熊熊燃烧，那他们总会有辉煌的一天。如果你是消极的，心如死灰，你对人生的希望也会随之消亡。

在我们的生活中，最大的挑战就是保持对希望和理想的激情，朝着既定的目标不断努力。

另外还有一部分人，他们用这种心理欺骗自己，认为只要心里有了积极的想法，等着它变为现实就行了，无需努力就可以实现自己的目标。其实，这种光想不干的人，只能在梦中享受成功的喜悦。首先，他们害怕在现实中遭到失败，害怕承担责任。另一方面，他们只会空想，想象着交好运，从天上掉下馅饼来，彻底改变他们的生活。岂不知天上很可能会掉下冰雹来，会砸破他们的脑袋。

要知道，理想和抱负是要靠心血浇灌的，唯有这样才能永葆青春和活力。只有在充沛的精力、勃发的激情、坚忍不拔的精神和不间断的努力支撑下，我们的抱负和理想才有可能实现——虚无缥缈、不切实际的抱负是没有任何意义的。

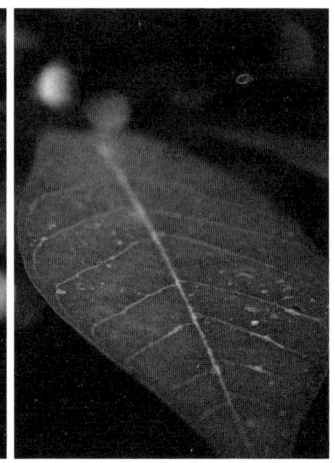

财富的力量

【美】奥利森·马登

一、如何对待金钱

马修斯曾说过:"有些人天生就擅长于挣钱,他们有积累财富的强烈冲动。这是一种特殊才能,是一种特殊的享受,在某种程度上就像莎士比亚创作《哈姆雷特》,像拉斐尔创作壁画,贝多芬谱写交响乐……"

从对待金钱的态度,可以看出一个人的品性。对金钱的态度不同,显示出了不同人的不同趣味,也会揭露某些人的本性。阿瑟·海尔普斯说:"如果一个人对金钱能做到取之有道、用之有度，能以最恰当的方式积蓄、支出、施舍或借贷，那就可以说他具有完美的人格。"

我经常在想：要是有个富翁走在大街上，给每个行人发放一千美元，收到钱的人肯定在花钱的方式上天差地别。一个穷苦却好学的孩子拿到钱，他会用这笔钱去购买书，最终可能会因此考上大学。而对于一个游手好闲的年轻人，这笔钱可以给他买来漂亮的服饰和享受，使他的生活更加放荡。

一个生活贫困，母亲患了重病，家里缺吃少穿的女孩拿到这笔钱，就是一个巨大的帮助。对于吝啬鬼，这笔钱意味着更多的储蓄，给他又增加了一笔财富。

有位学者在研究了各阶层人物的经济状况后说："有些人对金钱的看法十分荒唐！按他们的说法，如果一个人有存折、温暖的家庭、高档的服装和漂亮的靴子，那么在道德层面上他就是不完美的；要想成为天使一样的人物，就得囊中羞涩、衣衫褴褛，赤着脚，吃了上顿没下顿……实际情况是：过于富裕，或过于贫穷，都容易滋生邪恶。如果一个人兜里有些钱，就不会债务缠身，不会忍饥挨饿，这样就比较容易躲开不良的行为。如果一个人过于贫穷，很可能会被迫掉进罪恶的泥潭，也就难免步入灵与肉的堕落……"

庇彻曾说："实际上，穷人比富人承受的压力大，更容易受到诱惑。都说财富使人傲慢，但穷人就不傲慢了吗？富人总有些自我主义，虚荣心强，但穷人不也是这样吗？富人对公司里的同事很嫉妒，总想超过他们，还不时显示自己的财力，拼命积累财富。但穷人也很贪婪，老是不满，为一些事情争吵不休，骂脏话。所有这些问题都不是贫穷和财富的问题，而是个人品行的问题。"

二、渴望得到财富

每个人都在竭尽全力实现自己的目标，而他们的成果为整个人类造福，推动了社会的发展。每个人都想超越他人，为自己的利益殚精竭虑，实际上却为全人类带来了好结果。金钱带来的是权力和优越感——如果人们缺乏追求权力和优越感的激情，人类历史上就不会产生那么多的英雄豪杰了。要做到勤劳、坚毅、机智、简朴，就需要自我约束。可是，倘若缺乏对权力和优越感的激情，就难以实现自我约束。

在日常生活中，我们用钱购买鞋子穿在脚上，买衣服穿在身上，否则就会挨冻。有了钱，才能满足我们生活的需要。有了钱，才能有机会受教育，才能买自己喜欢的画册，或者去观光旅游。

金钱意味着自我的独立，意味着良好的条件。有了钱，才能有先进的医疗技术，以保障你的健康——许多人就是因为贫穷请不起医生而死于非命。

富有不是一种罪过，追求财富也不是罪过。约翰·卫斯理说："只要不腐蚀自己的心灵，不伤害自己的身体，不给周围人带来不便，就该尽自己最大的努力去创造财富，尽可能地节约，取消不必要的开支，尽自己最大的能力把自己的财富奉献给他人。"

不管人们怎样议论，追求财富不仅是合法的，也是人们的责任。如果一个人有高尚的人格，并且合法地去积累财富，尽量避免唯利是图的倾向，那他就会增长才干和智慧，会精神焕发，于人于己都有好处。

三、财富与人格

如果一个人在经济上不独立，就保证不了他人格的尊严。一个人老是经济拮据，为经济而拖累，就不可能把工作做得十分出色。一个人口袋里的钱倘若只够第二天花销，他就不可能昂首挺胸、从容自信。

许多年轻人由于贫穷而处处受到制约。一个人要保持自尊，就该摆脱贫困。人要活得有尊严，要自立，即便生病或出现其他紧急情况，也不要轻易给别人增加负担。

你在积累财富的过程中，不管是在自己的下属还是投资人面前，都要彬彬有礼，富于同情之心，同时宽宏大量，使自己的心胸变得越来越宽广。

贫困并不是值得骄傲的事情。经济上的贫困会以各种形式表现出来。在我们的周围，经常可以看到一些人因为缺钱而郁郁寡欢、愁眉不展。有许多孩子因为家境贫寒而失去了快乐的童年。

因为贫困，天性喜欢交际的人只好孤独地生活；由于贫困，处于大好年华的年轻人脸上阴云密布。在一贫如洗的情况下，就算你有才能也难以施展，很多伟大的抱负和计划都化成了泡影。

贫困者往往受到外界环境的约束，不能够独立，不能够自由支配时间。他们没有钱买房，无法安居乐业。贫困是人生的不幸，没有任何值得称赞的地方。谁要是称道贫穷的好处，那他就会永远生活在窘迫的环境之中。生活上处处受阻，工作上老受制于人，就难以保持人性的高贵和尊严。

我同意贺拉斯的看法：每一个健全的年轻人都应该积极进取，都应该对贫穷敬而远之。在一个自由开放、充分竞争的社会里，贫穷是人生的耻辱，是对人生的一种制约，它给人带来的不是欢乐，而是痛苦。

四、不能让金钱支配人

有一句箴言这样说:"不要贫穷,也不要太富裕,中间的道路是最好的。"

太富或者太穷都是人生的负担。不论太富或太穷的人,都难以在精神上保持一定的高度。但如果一个人有适度而充足的财富,就可以避免这种情况,假如一个人手里掌握着巨额财富,他就感到力不从心,觉得对巨额财富难以驾驭。通常来讲,巨额财富就像一匹桀骜不驯的烈马。

"你的那匹新马哪里去了?"一个人问另一个人。

"我把它卖了。"被问的人回答说。

"卖了?为什么?你不是很喜欢它么?"

"是的。但那是刚刚买到它的时候。后来它把我甩了三次,断了我一个手指头,让我的一个胳膊脱了臼,弄得我遍体鳞伤。真不知是我在驾驭它,还是它在驾驭我。因此,我就不要它了。"

对于很多人而言,巨额财富就像脱缰的马,无法驾驭。它搅乱了人内心的安宁,破坏了人的生活准则,可能会使一个人道德沦丧。如果是这样,拥有财富还不如不拥有财富。

其实,就算是桀骜不驯的烈马,也可以采取办法驯服它,只要你具有坚定的决心、清醒的认识和纯正的思想。我们要去支配财富,成为财富的主人,而非做财富的奴隶。如果一个人拥有财富,却自私自利、吝啬贪婪,那他就是财富的奴隶。要是一个人因为财富而与家人疏远,放弃了正常的睡眠和有益的健康,无暇享受生活带来的乐趣,那就是被财富所奴役。

一个人如果太自私,就不是真正的富有者。金钱就像山泉一样,如若泉水只为自己所有,那它就只能积聚在山体里;一旦泉水从山里流出来，就可以滋润草地，使流经之处芳草如茵。金钱如果有好的用场，就可以完善我们的人性。如果只是一味地攒钱，或者肆意挥霍，就会产生可怕的后果。它会使人变得铁石心肠，缺乏同情心，人的灵魂会成为荒漠。

一个老人以乞讨为生，这是件十分悲惨的事情。但一个上了年纪的百万富翁在大街上迷茫地徘徊，就更为悲惨了。他的钱囊很充盈，灵魂却很空虚。他对金钱的欲火，烧干了心灵的甘泉，压制了他内在的雄心，使他不能去追求真善美。这种人是最可悲的——他们没有健全的人格，只有低劣的欲望。

托马斯·布朗说："要慈悲待人，不要贪婪地追求财富；要尽力向他人奉献，不要由于善小而不为。应该随着财富的增加而不断提升自己的思想境界。假如你有足够的财富，就应该动用这些财富去帮助别人，特别是帮助那些最需要钱的人，以提高你的人生价值。

为了追求财富而追求财富，这样的人生不值得提倡。一个人如果只盯着钱看，不顾人格的尊严，不注意体验生活，就是一个可怜的人。金钱本身无所谓好坏，关键看它会产生什么样的后果。年轻人追求财富固然没有错，但不应该心里只想着钱，而忽略一些美好的东西——恰恰是金钱以外的美好东西，给人以生活的享受。

真正的富有者，是那些能够让他人分享自己财富的人。他们应该具有强健的体格，拥有欣赏自然美的能力，会欣赏文学艺术，善于结交伟大高尚的人。他们的内心必须是充实的。

为快乐而工作

【英】伯特兰·罗素

在西方的知识界里,有一种不幸的现象:许多人,特别是从事文化工作的人,找不到独立运用自己才能的机会,被迫受雇于庸人、外行和把持着金钱的老板,违心地制作一些无聊的东西。如果你问问英国或美国的记者,问他们是否相信他们为之效力的报刊杂志所奉行的政策,他们十有八九会给出否定的答案。他们当中大多数人都是为生活所迫,才将自己的技能出卖给那些有害无益的事业。这样的工作不能给人带来任何满足感，而且当你勉为其难地从事这种工作时，你会逐渐变得玩世不恭，最终不管你干什么样的工作，都再也不会有欢乐可言了。

对于从事这种工作的人，我们不能妄加指责，因为不如此就要饿肚子，而忍饥挨饿可不是好玩的。不过，我还是要提出：只要有可能从事既能满足自身创造性的本能又不用担心饿肚子的工作，为了本身的幸福考虑，这样的劳动应该作为首选。没有了自尊，就不可能有真正的幸福，而以自己的工作为耻的人是没有自尊可言的。

在现实生活中，只有少数人才能享受到建设性的劳动所带来的快乐。不过，这"少数人"只是相对而言，其实人数并不少。任何人，只要他能主宰自己工作的性质，是能感受到这一点的。还有一些工作有益于人类，同时需要一定的技艺，也能够带来欢乐。例如，培养出有出息的孩子，就是一件乐事。一些女性在这方面付出了大量心血，用自己辛勤的劳动结出了硕果，这使她们快乐和自豪。

如何从整体上看待人生，如何看待自己人生中的细节，大家所持的观点是不一样的。对于一些人来说，把人生看作一个整体是很自然的，能完成其中的一个环节是很关键的；另一些人则认为生活由一连串不相关的情节组成，各情节之间缺乏统一性，也缺乏方向感。我认为前者比后者更容易获得幸福，因为前者能够逐渐为涉入其中的人营造一个环境，让他们从中获得自尊和满足，而后者则受命运的驱使，忽东忽西，忽左忽右，永远没有落脚点。

把生活视为一个整体，不仅是明智的，也是欢乐的源泉，应该提倡和推广。具有始终如一的目标，本身并不足以令你幸福，但它是幸福生活的一个几乎不可或缺的条件。有了目标，有了方向，你的生活和工作就有了动力。

鸟和人

【埃及】陶菲格·哈基姆

一天,小鸟问父亲:"世界上最高级的生灵是哪一种动物?是咱们鸟类吧?"

老鸟回答:"不,是人类。"

小鸟又问:"人类?人类是哪一种生灵啊?"

"人类嘛……就是经常向咱们鸟巢投石块的生灵。"

小鸟恍然大悟:"唔,我明白啦!……不过,就种类而言,他们比咱们强吗?他们比咱们幸福吗?"

"他们也可以说比咱们优越，却不如咱们幸福！"

"为什么不如咱们幸福？"小鸟困惑地问。

"因为人类的心里长着一根刺。这根刺时时在折磨和扎痛他们，他们为之起名叫'贪婪'。"

小鸟又问："贪婪？贪婪是什么？你知道是什么意思吗？"

"我了解人类，当然知道是什么意思。我也见过那根贪婪之刺是如何扎进他们心里的。你想看一看吗？"

"想看。爸爸，我想亲眼看一看。"

"这很简单。如果有人走过来，你告诉我一声，我让你看看人类的贪婪是怎么回事。"

过了一会儿，小鸟叫了起来："爸爸，有个人走过来了。"

老鸟对小鸟说道："孩子，你仔细瞧着，我主动落在他手中，让他抓住，然后你就可以看到一出好戏了。"

小鸟十分担心地说："万一你受到伤害怎么办？"

老鸟镇定自若地说："不会的，孩子。我了解人类的贪婪，知道怎样从他手里逃脱。"

说完，老鸟飞离鸟巢，落在来人的身边。那人一把抓住了它，高兴地叫道："哈哈，这下有鸟肉吃了！"

老鸟说道："我的肉这么少，还不够你塞牙缝呢！"

那人说："肉虽然少，味道一定鲜美！"

老鸟说："我可以送你一样东西，远比我的肉有价值。"

"什么东西？"

"三句至理名言。你听了，一定能够发大财！"

"说说给我听，看是什么至理名言！"

老鸟卖了个关子，款款说道："我可以告诉你，但有条件：我当下就告诉你第一句名言;等你放开我时,告诉你第二句;我飞回树上后,就把第三句名言告诉你。"

那人发财心切,急于听到老鸟的至理名言,立刻就答应了。他不假思索地说:"我同意你的条件。快把第一句名言告诉我吧!"

老鸟不慌不忙地说道:"第一句名言是:对于已经失去的东西不要惋惜。好啦,根据咱们的条件,你把我放开吧!"

待那人放开了手,老鸟飞到离他不远的地面上说道:"第二句名言是:不要相信不可能存在的事情!"

说完,它一翅膀飞到了树梢上,从树梢上冲那人喊道:"你真是个大傻瓜。如果你刚才把我杀了,从我的肚子里可以取出一枚重达一百五十克的大宝石——那可值钱得很呢!"

那人听了后悔不已,都快把肠子悔青了。他想起刚才定好的条件,于是说道:"第三句名言呢?"

老鸟嘲笑地说:"贪婪的人啊,你让自己的贪婪迷住了心窍。既然你忘掉了前两句名言,告诉你第三句又有什么用呢?前两句不是说的明明白白嘛——'对于已经失去的东西不要惋惜''不要相信不可能存在的事情'!你想想,我浑身上下加起来都不足一百克,肚子里怎么能装得下一枚重达一百五十克的大宝石!"

那人听了目瞪口呆,一句话都说不出来了,窘迫地站在那儿,脸上的表情尴尬可笑。

老鸟转过头来对小鸟说道:"看到了吧,孩子,你知道是怎么回事了吧?"

小鸟说:"看见了。这个人怎么会相信你的肚子里有一枚超过你体重的宝石呢?这样不可能存在的事情他怎么会信以为真呢?"

"全都是因为贪婪。贪婪能使人类失去理智!"

读书的乐趣

【法】阿兰

读书和做梦都有什么好处?它们之间的区别何在?有时候,我觉得做美梦令人惬意,于是乎就懒于读书了。不过,当美梦由于某种原因做不成了的时候,读书便成了救赎的灵丹妙药。我的父亲曾经因为债务缠身而郁郁寡欢,于是便钻进书籍所营造的世界以求解脱,读书竟然上了瘾,达到了废寝忘食的地步。他的经历令我有"醍醐灌顶的感悟",而正是因为这"感悟",我与那些读死书的书呆子有了本质性的区别。我这个人有点怪,如着意要去学习什么,那是肯定学不进去的。即便是解数学题,也只有在像我看小说那样漫不经心的时候，才能找到解题的诀窍。读书固然不错，但像这样懒洋洋地读书得有大把的时间才行，而且必须手头有书可读。所谓的"手头有书"，就是说要读的书必须近在咫尺，唾手可得，假如隔了有两米远，我就不想读了。难怪图书馆对我没有什么用处，因为到图书馆得跑路呀。于是我将手头的书通读了一遍，而且不管以后是否能用得上，都做了很多笔记。以前我从不知世界上还有梅恩·比兰这么个人，后来是因为一位朋友把梅恩·比兰的全集拿来放在了我的书桌上，我才了解了这么个伟大的哲学家。而且，我发现看他的书真是一种享受，如饮甘泉。我了解孔德也是通过这样的途径。

什么叫做读书呢？读书就是一行一行看书页上的字，当然也要大概了解一下整体的内容，也就是这一页讲的是什么内容。我发现不少读者跟我有相同的习惯——看上一页书的时候，总要捎带着浏览一眼下一页的内容，就好像乞丐觊觎一块馅饼。我想大概可以这样形容：读者的想象力犹如笼中之鸟，无法摆脱书里的字句以及意思的束缚。当然，熟练的读者用不着咬文嚼字，而我却做不到这一点。我虽然不是"嚼字"，句子所包含的意思却还是要琢磨琢磨的。我读书就好像骑马，时而纵马狂奔，时而缓步慢行，从不敢让自己的神思似脱缰的野马，怕的是脱离作者为读者指出的道路。应该指出的是，我仅以这种方式读正规的书。至于日记之类，我认为价值不大，不必认真去读。手稿就更不用说了，它总让人觉得不靠谱，只不过是书的雏形罢了，内容可随便删减和添加。一本正规的书分量就不一样了，特别是巴尔扎克的小说就更容不得怀疑了。甚至可以说，巴尔扎克写书的目的就是禁锢你的想象力。读他的书，谁也不敢胡思乱想，只有规规矩矩地按他的思路想……优秀的小说都是如此，作者预先设好圈套让读者去钻。巴尔扎克的风格历来如此。这就是反复阅读要比只读一遍收效大的原因之一了。我对自己的阅读体验信心十足，很想在这儿做一番探讨。

引起读者的遐想、好奇和惊叹，这莫非就是巴尔扎克小说的魅力？一点不错！他的小说就是读上好几遍，其魅力依然不减。譬如说，我预先就知道小说里的那位乡村医生必死无疑，小说的结局果然如此，但他的死还是令我震惊、感叹不已。这种感觉我昨天还体验过一次。我还注意到：一首好诗具有永恒的魅力，完全不会因为你熟悉了它就会心生厌倦。可以说，一切艺术的魅力都依赖于读者或观者的期待值。当我们读一本小说时，总会对后边的情节有着浓厚的兴趣，想知道结局。这样一种"吊胃口"的过程极为有趣。孩子们做游戏也是如此：一方藏起来，最后跳出来吓唬对方，另一方明明知道事情会这样，却照样会感到害怕。读小说的经历大致如此。不久前，我又重读了《驴皮记》，觉得那些词句真够繁琐的。我心里这样想，却仍然细读着主人公拉斐尔的幻梦以及老商贩大段的对白，甚至连一个细节都不愿放过。而那些一目十行的读者自以为对情节全知道，才那么粗犷地浏览，其实他们不甚了了。我之所以能够看书时"细嚼慢咽"，正是因为我了解这本书，而且这种了解不是片面的、零散的，而是整体的、全面的。我不想一下子就读到故事的结尾，不想一下子就了解那必然的结局，总觉得应该在某方面得到满足，而在某种"期待"得到满足之后再接触到结局，事情便圆满了。不过，最好是沿着作者的构思发展好，让老商贩的哀叹拉开最后一场戏的序幕。乐于沉迷于沉思和幻想，而不愿过早了解结果，这正是普通读者的心理。在阅读的过程之中，读者和作者一道漫步，一道欣赏奇珍异宝。不过，我们的遐想却又是有限的。一部好的作品，内容必定和谐严谨，词句都得到了成熟的斟酌，给你"胡思乱想"的余地并不大。你翻动书页时，听到了那窸窸窣窣的声音了吗？如果你不能从中辨析出命运的颤抖和结局的征兆，那你就不是一个好的读者。一场音乐会、朗诵会，或者一场戏，是不可以随意中断的，但一个读者却有这个自由,只不过读者往往不是利用这种自由去回味读过的内容,而是腾出时间来咀嚼自己的人生经历。我就有这样的感觉,每当我重新回到小说中来的时候,总要温习一下前边读过的情节,仿佛要再度燃烧起兴趣的烈火。如果不如此,我会觉得若有所失,觉得忘掉了前边的内容。优秀的小说是不允许随意抽取其中的片段的。其实,我读书的目的并不是为了了解内容,而是为了追索,追索人生的大道理,而这种"大道理"只有在优秀的书籍里才能够获取。

赶时髦和空谈

【法】蒙泰朗

拜伦曾对一个法国人这样说:"你们法国人,干什么事情都喜欢赶时髦。你们自以为喜欢我的诗,但二十五年之后,就会觉得这样的诗令人难以忍受。"后来,拜伦的话果然应验了。卢梭描绘法国人说:"这个民族善于模仿别人,他们的行为离奇古怪,让人莫名其妙,因为他们只限于口头上的模仿,谁也不敢去做。应当随大流——这是本国表示谨慎稳重的至理名言。这个能做,那个不能做——这是最高决定。所有的人都在同样的情况下做着同样的事情。一切都在有节奏地进行,就像军队采取行动一样。你可以说,他们就是被同一条线牵动的木偶人。"夏多布里昂则这样说法国人:"在法国,令人不可思议的是,如果有人听见别人对他的邻居高喊当心传染病,他就会大喊那将要他的命!"

凡此种种,大家都以为自己对发生的现象是思考过的,而且是用新的头脑思考过的。更有甚者,有的法国人还以为自己已经付诸了行动。奇怪的是,我们法国人对于前一天自己还鼓吹的东西,第二天便都掉过头不再理会了。说起某种生活方式,无论是那些时髦女郎还是文人雅士,都会斩钉截铁地说它已过时,表现得不屑一顾。岂不知,他们自己就是以这种生活方式培养成长的,他们的一切都产生于这样的生活方式。至于年轻人,处于一生中的关键时期,似乎都患上了一种古怪的病——凡是他们的前辈发明创造过的东西,他们都要意气风发地重新发明创造一遍(或者说仿制一遍)。

精神和道德风尚不是自然发生的。通常情况下,它们是经过社会各方面的努力,共同酿造出来的。昔日的宫廷、现在的报纸,甚至包括政府,都可以创造精神和道德风尚,民众会一拥而上,紧随其后。他们有一个倾向——大家一道去"思考"。可是,"思想"恐怕是最具有特点的东西了,没有两种思想是一致的,这就像两个人的指纹是不可能一样的。于是,民众虽然一拥而上,后来却又纷纷退了回来。

一天,我在一份法国报纸的《青年》专栏里看到一幅插图,心里感到吃惊,因为这幅插图我在别的地方也见过,它们不单单是一模一样,而就是同一幅。画面的左侧是一些英勇的年轻人(留短发的女大学生、背着书包或工具的小伙子),他们拳打脚踢地在驱赶一群人。被驱赶的那群人朝画面的右侧逃去——他们被描绘得滑稽可笑,年纪都很大,一个个肥胖不堪,胸前佩戴怀表,手上戴着金戒指(这些都是招人非议的富贵的象征)。我终于想起在哪个地方见过这幅画了——它曾在人民阵线的一份报纸上发表过，一笔没改就又重新发表在1941年1月的白色的《民族革命》报上。

至于它是否在1936年的红色报纸上也刊登过，我没有去核实。但是，在战争爆发的最初几个月里，我常常觉得在画刊上见到的爱国主义图画，其中有一些很可能在第一次世界大战中就发表过了。记得在1919年至1939年之间，不仅政府的每一项方针政策，而且历届新内阁关于教育改革的文献，前后有许多内容都是雷同的。这二十年里印刷的关于法国体育教学的全部文献，可以堆满一座房屋，但最终在1940年得出的结果则是：各中学每周有两小时的体操课，小学每周有一小时体操课。归根结底：与1914年相比，小学增加了一小时的体操课，而中学却没有任何变化。

这就是法国的老生常谈病。雨果有句诗："世界上的空话犹如田野里的飞虫。"我觉得诗句里的"世界"一词可以换为"法国"。在我们这个国家里，年轻人在十七岁就开始参加"雄辩"竞赛——这样的年龄，对修辞学可以说是一无所知，竟然想在修辞竞赛中出人头地。那就只好靠"仿造"了。大赛中，谁"仿造"得最好，便可以从法兰西研究院的院士手中得到一件也是仿造出来的"艺术品"。而院士本人亦是模仿前人才有了成就。我们的耳朵里听到的净是些空话！

掌握国家命运的先生们，请你们醒一醒，不要让这种弄虚作假的现象再持续下去了！无益的空谈只会误国，只有创造性的行动才能让法兰西不至于掉入浑浊、脏污的泥潭。

得不偿失

【美】本杰明·富兰克林

七岁的时候,家里来了些客人,他们往我的口袋里放了好多铜币。我拿上那些钱,立刻就到儿童玩具商店里去,想给自己买个玩具。路上,我看见一个小男孩手里拿着个哨子在吹,声音好听极了。我用自己的钱也去买了一个。回到家里,我哨子不离口,走到哪儿吹到哪儿,得意极了,却搅得全家不得安宁。哥哥姐姐们问我花了多少钱买哨子,当我说出钱数后,他们都说我多花了三倍的钱。他们说那么多钱能买许多好东西呢,接着就举出了一大堆例子,嘲笑我吃了大亏。我觉得很伤心,不禁哭出了声,其中生出的苦恼远远超过了哨子给我带来的乐趣。

不过，这件事情对我以后的人生倒是有很大的帮助。因为我一直记着这次的教训，每当一心想买自己并不十分需要的东西时，就对自己说："别忘了买哨子的教训，不要花冤枉钱！"于是，许多钱都节省了下来，许多时间和精力也节省了下来。等我长大成人，走向社会，观察人们的所作所为，发现"为买一个哨子多花三倍的钱"这样的人比比皆是。许多人忙忙碌碌，整天投机钻营，为的是巴结上司、讨好领导，四处请客吃饭，在宴会上浪费掉了大量宝贵的时间。他们放弃了休息，牺牲了自由、美德，甚至置朋友于不顾，总想平步青云，但大多都碌碌无为。我暗中对自己说："瞧，这些人为买哨子花了太多的钱！"看到有人爱出风头，经常参与政治活动，荒疏了自己的业务，最后一事无成，以失败告终，我就会说："又有一个人为买哨子花了太多的钱！"

如果遇到一个守财奴，他放弃了生活中种种快乐的享受，不愿意行善积德为别人做好事，不愿意为赢得世人的尊重和友谊而努力，只知道敛财聚富，我心里就会可怜他，暗中说："可悲的家伙，你为你的哨子付出的代价太大了！"当我遇到一个浪荡子，既不想增长才干，也不想积累财富，而只是一味地寻欢作乐，结果损害了健康，弄得生活潦倒，我就说："迷途的人，你不是在寻找欢乐，而是在追求痛苦，为你的哨子付出的代价太大了！"假如看到有人讲究外表，穿的是漂亮衣服，住的是豪华房子，用的是高档家具，披金戴银，而这一切都超过了他的财力，因而债台高筑，我便说："唉，他为他的哨子付出的代价太大了！"总而言之，人类的不幸大都源自对事物做出了错误的判断，换句话说就是"为他们的哨子付出的代价太大了"。

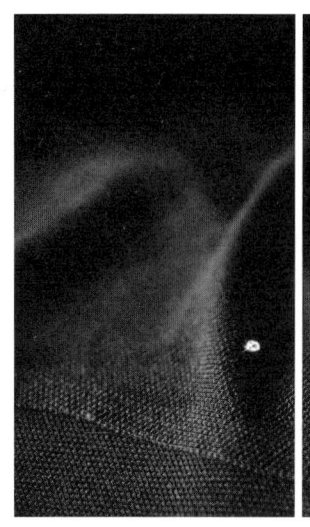

时间的价值

【英】罗伯特·威廉·塞维斯

有句老话说得好:"时间就是金钱。"它解释了时间和财富之间的关系——时间只要利用得当,你就会财源滚滚,让你的钱囊充盈起来。有了时间,你可以生产出有用的产品,然后拿到市场上换成钱财;有了时间,你可以努力学习,增长才干,如机会出现,就能赚到金钱。因此,毫无疑问,时间是可以转化成钱的。让那些对时间毫不在意,任意浪费时间的人记住这一点吧!让他们记住:浪费一小时就等于损失了一张钞票,而利用好一小时,他们的手里就多了一些钱。这样，他们在浪费时间的时候，就会三思而后行了。

再说，人的一生是以时间计算的，因此浪费时间也是一种自杀行为。一提到死，我们往往感到害怕，一定会不惜一切努力，不择一切手段，以保全我们的生命。可是，我们对于损失掉一个小时或一天的时间往往漠不关心，忘记了我们的生命正是由这一小时一小时、一天一天的时间组成的。让我们把这一点牢记心间吧，如此便会把浪费时间视为罪过，跟自杀一样应该受到惩罚。

还有第三层考虑，也会提醒我们千万不可浪费时间。人生苦短，总共不过几十年的时间，其中将近一半的时间得用于睡眠；吃饭的时间累计也得几年；出门旅行又得花费几年；再加上和朋友交往、娱乐，也要几年的时间；宗教节日和社会节日搞庆祝活动，加在一起又是几年；亲人生病，我们侍奉汤药，还得用去几年的时间。如果把这么许多年头从我们的寿数中扣除，我们将会发现：我们能用于有效工作上的时间大概也就那么十五年到二十年。谁要是能够明白这个道理，他就会珍惜寸寸光阴，就不会随意抛撒时间了。记得切斯特菲尔德伯爵说过这样一句话："分配给我们一生的时间有限，若是游手好闲、虚度光阴，是极其不可取的。要认识时间真正的价值，充分地利用好每一分每一秒。"

在人的一生当中，所有的时间都是宝贵的。而童年和青年时期的时间，与其他的人生阶段相比较，则显得尤为珍贵。在这两个阶段中，我们广泛地接触事物，积累知识和发展才能。如果我们让人生的这一充满朝气的阶段白白地流逝，而没有有效地加以利用，所造成的损失是以后无法弥补的。长大之后，我们获取知识的能力会变得迟钝，因此在童年和青年时期没有学到手的知识和技能，恐怕也就永远难以获得或者无法获得了。这跟做生意一样——把钱用来投资，以后会生出三倍或四倍的利息；童年和青年时期的宝贵光阴，如果利用得当，将会产生无可估量的利益。切斯特菲尔德伯爵还说过这样一句话:"丧失一寸光阴,就等于丧失了与之相当的名和利;换个角度看——你现在明智地把这一寸光阴作为投资而加以有效地利用,将来会获得巨额利润。"

  从道德的观点看,恰当地利用好时间对我们的精神和心灵大有益处。懒惰是心灵上的铁锈,而懒人的头脑是撒旦酝酿罪恶的地方。此话包含着一定的哲理,因为犯错误大多是游手好闲、无所事事所致。滋事生非的往往是懒人。瓦茨有几句诗是这样说的:

    人人都应该勤奋地干活,
    不管是粗活还是细活;
    因为撒旦有些罪恶,
    专找懒人的手去做。

无知

【英】罗伯特·林德

一个城里人到乡下游览,特别是在百花盛开的四月份或五月份,一定会为自己的无知所震惊,因为乡下有那么多他不了解的东西和现象。成千上万的男男女女出生和死去,恐怕一辈子都不知道山毛榉和榆树之间有什么区别,不知道乌鸫和画眉有什么不同。在城市里,能辨得清乌鸫和画眉鸣叫的人几为凤毛麟角。这并非因为我们没有见过这些鸟儿,而是因为我们对它们视而不见,从不加留意。我们的一生都跟鸟儿们密切相处,但我们的观察力极其薄弱,以至于听见鸟鸣都弄不清那是哪种鸟在歌唱，也弄不清布谷鸟是什么颜色。我们还经常幼稚地对布谷鸟是在飞行时歌唱还是落在树枝上歌唱而争论不休。

不过，这种无知并非完全是坏事。从无知到有所发现，便会产生乐趣。如果我们没有仔细观察过布谷鸟，一天偶然看到它竟能像鹰一样在风中翱翔，并且抖动着长长的尾巴，定会感到很高兴。要说博物学家观察鸟类没有乐趣可言，那是极其荒谬的。他们的乐趣是稳定的、持久的。跟第一次看见布谷鸟飞行而喜悦盈怀的人相比较，他们的乐趣就显得理性多了。

即便如此，博物学家们也是经历了"从无知到有所发现"这一过程才产生幸福感的。"无知"让他们有兴趣，明白自己仍有新的天地需要去征服。他们可能在书本上达到了知识的巅峰，但在用自己的眼睛证实每一个知识点之前，他们仍感到自身是半无知的。他们希望能看到罕见的现象，如雌性布谷鸟在地上下蛋，然后把蛋衔到巢里去。他们会日复一日地坐在那儿用望远镜观察，为自己的论点寻找根据。

当然，人类的"无知"并不是仅仅局限于布谷鸟，而是涉及上帝所创造的所有东西和物种，从星辰到花卉无不包含在内。我曾经听到一位聪明的女士问：新月是否在特定的日子出现？随后她又补充说还是不知道确切日期好，因为如果事先不知道，碰巧某一天在哪个地方看见一轮新月，会产生一种意外的愉悦。即便对那些熟悉新月时间表的人而言也会有意外的情况——新月也许会出人意料地在某时某地出现，给他们以兴奋的感觉。人们都知道报春花绽放于三月或四月，但偶然发现一朵早开的报春花，一定会欣喜若狂。我们知道苹果树是在结果实之前而不是在结果实之后开花的，但五月份看见果园里苹果树开花，会感到惊讶和高兴。

每年百花盛开的春天，我们重温各种花卉的名称，会产生一种特殊的喜悦。这就像重新阅读一本已经忘掉了的书一样。蒙田说他的记忆力非常糟糕,每次看一本曾经读过的书,都有陌生的感觉,好像从来没有读过一样。我自己也有同感,阅读曾经看过的《哈姆雷特》或《匹克威克外传》时,就好像在读新书,因为在前一次阅读和这一次阅读之间有许多情节都忘掉了。这样的阅读会产生"全新"的感觉。

  能把书忘掉,也会把花卉忘掉。今年我能如数家珍般举出各种花卉的名称,到了明年也许就遗忘了,可能会把金凤花和白屈菜混淆起来。看到原野上姹紫嫣红,一片花的海洋,我会发现自己是那么无知。正是因为了解到自己无知,人们才会去进取,解开大自然的一个个奥秘,从中获得乐趣。无知并不可怕,可怕的是懒惰、故步自封。苏格拉底之所以以智慧闻名于世,不是因为他无所不知,而是因为他在七十岁的时候还觉得自己什么都不知道。

真实的友情是最大的财富

【美】安德鲁·卡内基

我认识这样一些人,他们朋友满天下,但那些朋友对他们的事业非但无益,反而有害。原因是:他们选择的朋友比他们自己素质低、知识水平差,各方面都不如他们。

如果你习惯性地跟比你低下的人交朋友，那你很快就会被拉下水，走下坡路，你的理想和抱负慢慢就会弱化，最后化为乌有。

我们很少能意识到周围的朋友会对我们的性格以及品质产生影响。其实，生活中我们遇到的每一个人都会对我们产生巨大的影响，而且这些影响都带有本身各自的特点。

在追求成功的过程中，最重要的一点就是要使自己在工作和生活上保持高标准要求。树立崇高的理想，胸怀远大的抱负，会帮助我们实现这一点。但是对朋友，就不能对他们有太苛刻的要求。否则，你将变成孤家寡人，没有人愿意接近你。

有一位作家曾经这样说过："最大程度地以现实的眼光看待自己的朋友，而非强求他们达到自己的某些理想中的目标。那时你会发现，他们有优点值得你学习。"

如果你细心观察那些没有任何朋友的人，你将发现他们的性格跟正常人不一样，有些怪诞。的确，他们值得大家交往的话，也不至于孤零零一个人在寂寞里生活了。

拥有大量的朋友，这不仅是感情的慰藉，也能给你带来许多实际的利益。对于那些"拥有大量的朋友"的人来说，机会的大门总是敞开的，而这一点是那些在金钱和物质上富有的人无法达到的。而那些仅仅局限于自己的天地里，整日愁眉不展的人就更不会拥有这样幸运的机会了。

一个人如果没有朋友，那将是一件多么糟糕的事情啊！不管你有多少财富，都不能取代友谊在你心目中的位置。许许多多亿万富翁都希望拿出他们的大部分财产，去换取自己在疯狂追名逐利的过程遗失的友谊。

就在前不久，纽约的一位资产超过亿万的大富翁去世，参加他葬礼的人，除了他的直系亲属之外，只有六个人。但是，在他去世几周之后，同一街道的另外一个人去世时，参加葬礼的人把大教堂拥挤得水泄不通，街道两旁站满了主动前来哀悼的人群，尽管他的全部遗产只剩下不到一千美元。

后一个人为什么能获得如此的殊荣？那是因为他生前爱自己的朋友，就像那位亿万富翁爱金钱一样。任何一个认识他的人，都是他的朋友。他最引以为自豪的，就是他获得的友谊。在友情方面，他是一个真正的大富豪。即便他身上只剩下了一美元，他也要和朋友分享。帮助朋友时，他毫不吝惜气力，总是把自己无所保留、完全彻底、真心真意地奉献给朋友们。他的一生是无私的一生，是为他人服务的一生。这样的一个人去世，大家自然会感到十分悲痛了。

塞涅卡曾经这样说过："友谊必须是坦诚的，毫无保留的。在你向朋友伸出友谊之手之前，须三思，在经过深思熟虑后再做决定。你们之间的友谊一旦形成，你就不能再犹豫了。你一旦下定了决心，就要进入到对方心灵的深处。友谊的最终目的，就是要找一个能和我们心连心的知己。相互之间都应该有一种无须表白的承诺：为了拯救对方的生命，情愿牺牲自己。有一条原则需要大家牢记：只有充满理智的人，方能成为朋友，其他的人最多也只能是你的伙伴。"

只有那些愿意慷慨地为他人提供帮助的人，甚至愿意为此献出宝贵生命的人，才会发现：播下友谊的种子，最终会有甜美的收获。那些只想索取，而不愿奉献的人，是不会有真正意义上的收获的。这样的人就像一个只想有好的收成，却不愿播种的农民——他把种子藏起来，却梦想着自己的粮仓里有一天会米面堆成山。他不愿把种子播到田里去，是因为他认识不到只有如此才会有收成。人生和友谊也是这样的道理——我们在这个世界上有多大的发展，和别人给予我们的帮助和支持有着很大的关系。

　　在我们这个国家里，也许最富有的人是亚伯拉罕·林肯。他把全美国的人民当成了他的好友，把自己的一切，包括生命，都献给了美国人民。他没有挖空心思把自己的才华转变成金钱和财富——在他的心目中，金钱和财富没有任何诱惑力。林肯永远都活着，活在全美国人民的心中，活在全世界所有爱好和平、追求平等的人的心中。因为他总想着自己的朋友，所以朋友们也在思念着他。他像一个农民播下了友谊的种子，把自己的根深深栽植在这个国家。他该是一粒多么珍贵的种子啊，给我们这个国家带来了多么丰厚的收获啊！

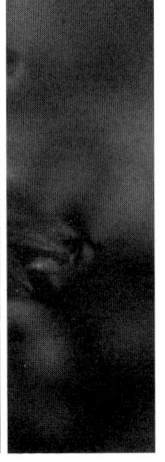

爱情并非商品

【美】西德尼·哈里斯

佛罗里达的一位读者在情场上遇到了一些问题。他给我写了封信，其中说到："如果我从商店里偷走了商品，那我就是贼，应该受到法律的惩罚。可是，如果我偷走的是一位男子的妻子的心，法律就拿我没办法！你说是吧？"

许多人心里都有一种错误的观念，认为爱情跟物件一样，可以偷走。其实不能把这二者等同起来。爱情是一种极为美好的感情，是真实心境的表现，不能够买卖、交换，也不能够偷盗。爱情是自愿的，感情的转向建立在个人心理变化的基础之上。

如果说一个丈夫或妻子被别人"偷走",那是因为他(她)在心理上已经具备了被"偷"的条件,事先已经准备接受新的伴侣了。爱情的盗贼只不过是取走了对方等待着被取走或者盼望着被取走的东西。

我们在日常生活中,经常说孩子属于父母。这种观念是错误的,世间任何人都是独立的,不属于任何其他的人。所有的人只属于自己。孩子仅仅是交给父母托管罢了。假如父母不称职,不能够善待孩子,政府有权取消他们托管的身份。

年轻的时候,我们谈恋爱,心上人却被一个更具有魅力的情敌吸引走,于是我们耿耿于怀,认为自己的"宝贝"被别人盗走了。我们当时或许会痛恨这位插足者,但长大之后就逐渐明白了:"心上人"并不属于我们,并不是"插足者"导致了我们和"心上人"的分道扬镳,而是我们与"心上人"之间缺乏真情实意。

从表面上看,许多婚姻是因为"第三者"插足才破裂的。然而,这是认识上的一种错觉。"第三者"的出现只是外部条件,解除了内部早已有裂痕的婚姻。如果一桩婚姻内部固若金汤,任何"第三者"都不可能得逞。

因失恋而痛苦、因"第三者"插足失去爱侣而产生报复的意图,都是不可取的,是自我摧残的表现、是扭曲心态的象征。每个人都是自由的,由自己的主观意志决定行为——他(她)不是奴隶,也不是商品,不属于任何别的人。

遭到离弃的一方往往无法相信自己的心上人会自愿地跟他(她)分手,于是便归咎于插足者,说他们是害人精,破坏了一对爱侣或一个家庭的幸福。然而,从大多数事例看,爱情或家庭的破裂,早在"第三者"出现之前就开始了。

为什么我们可以选几乎任何方向穿越空间，而时间只能走一个方向，以一种速度前行？为什么我们的进程不能加快、减慢，或者后退？

原来可以朝更好的方向努力

他日他方

【加】科里·多克托罗

吉尔伯特痛恨时间。时间简直就是一个暴君！父亲出海时，时间一小时一小时慢慢腾腾地蠕动，而他跟林伯格家的孩子在花园里玩精彩的游戏时，时间一分一秒则似箭般飞逝。夏日好像要花很久很久的时间才会姗姗来到悬崖脚下的海滩，而冬日却一转眼便偷偷来到眼前，父亲则再次离家出海。

"时间你是不能够恨的。"艾美说道。她是林伯格家三个孩子中最年长的一个，也是那家唯一的女孩，惯于和比她小的孩子们交谈，让他们放弃愚蠢的想法。"时间就是时间，没什么可恨的。"

正在树屋里踱步的吉尔伯特停住了脚步，用手指了指她说："这你就错了！"他拍了拍他从父亲书柜里取来的一本书——那书来自伦敦，沉甸甸的，装帧精美，由于漂洋过海抵达美国，途中浸了潮气而鼓胀胀的。此书他没有读过。但前天他闷在家中，从书房的窗户观望夏日的时光飕飕地从身边消逝时，他的家庭教师——坏脾气的尤里亚特先生，倒是给他讲解了这本书。"时间不仅仅是时间，它也是空间，而且也是一个维度。"吉尔伯特又拍了拍书表示强调，随后将书打开，翻到相关的一页，那儿夹了一叶宽宽的锯齿草当书签。

"看到这个了吗？这是一个点，是一个维度。它不具有长度或深度，仅仅是一个点罢了。当你再添加上一个维度，就会得到线条。"他说着，用一个被牙齿咬过的、脏兮兮的指甲指了指另一幅图表。"你可以后退，可以前行，可以在一个平面上四处移动，就好像整个世界是一页书一样。但上升和下滑就不行了，除非你另外再增加一个维度。"他指了指立方体的图表，由于用力过猛，把书都戳了个坑。"这就有了三个维度——上下、左右和里外。"

艾美是个能言善辩的小姑娘，此时骨碌骨碌转动着她的眼珠子——这些知识她的家庭教师早已给她讲解过了。吉尔伯特咧嘴一笑。在年龄上，艾美总比他大一岁，但这并不意味着他会永远比她笨。

"在整个世界历史中，爱因斯坦先生是最聪明的人。他已经证明了——绝对证明了——时间仅仅是一个维度罢了，就像空间一样。时间出现的时候，你可上可下，可左可右，可里可外，可前可后。"

艾美张开嘴，又闭上了。她的双胞胎弟弟欧文和尼尔斯见了姐姐张口结舌的样子，不由掩口窃笑。艾美气得看了他们一眼，接着又将目光移向了吉尔伯特。"太愚蠢了。"她说道。

"你说爱因斯坦愚蠢？"

"当然不是。不过，你对他的观点一定没有理解透。空间就是空间，时间就是时间。这是世人皆知的道理。"

吉尔伯特假装没听见，侃侃说道："可是，有一个道理是无人知晓的：为什么我们可以选任何方向穿越空间……"

"你是不能朝上走的！"艾美急忙说道。

"你这不是朝上走才来到了我家的树屋里？"吉尔伯特说到"我家"一词时，微微加重了一下语气。"而且你也可以朝下走，回到地面上去。"

论打架，艾美是他们当中最棒的。只见她攥紧拳头叉着腰，做出"别惹我"的样子，而吉尔伯特却装作没看见。

"为什么我们可以选几乎任何方向穿越空间，而时间只能走一个方向，以一种速度前行？为什么我们的进程不能加快、减慢，或者后退？"

"还有侧行吧？"尼尔斯说。他不常说话，可一旦开口，通常都一语惊人。

"在时间方面，什么是'侧行'呀？"欧文问道。

尼尔斯耸了耸肩说："侧行就是侧行呗。"

"这种事太没劲了。"艾美宣称道。不过，吉尔伯特可以看出她在逐渐开窍——开始明白究竟是什么原因让他如此地生气。

……

吉尔伯特家门外，夏日疾驰而过，犹如一只三桅帆船，所有的帆都张得满满的，被大风吹得风驰电掣地跑。书房里的钟点却慢得像蜗牛爬。中间有一些小插曲——吉尔伯特和父亲一道吃早点和共进正餐。父亲夏日不出门，他那慈爱的眼睛旁布满皱纹和眼袋，形成了一张网——一张日渐扩大的网。年年冬季出海归来，他都要消瘦一些，身体都要弱一些。

"你今天都学了些什么，我的孩子？"吉尔伯特的父亲一边埋头吃堆得像小山一样的各种扁豆,一边问道。这些菜是女管家居里太太烹制的。居里太太年纪非常大,实际上还给父亲当过保姆,为他换过尿布呢。一想到这一点,吉尔伯特总会咯咯笑出声来。父亲是一位严格的素食主义者,并发誓要以他的饮食习惯改善生活质量。但这似乎并没有阻止他越变越老,老相渐渐加重。

吉尔伯特不太喜欢吃扁豆,闻声索性不再吃了,眼睛盯着菜碟说:"在看地理书。我们正在学低地地理。"他边说边望着窗外的落日,但见那太阳向地球的另一侧飞驰,要把他们拖回到冬日里去。"比利时!比利时!比利时!比利时!"

父亲哈哈笑了,用手啪地拍了拍大腿。"比利时!可怜的小伙子。我有一两次被困在了那地方。那是一个银行家和奶酪制造商的国度。想起比利时,就像是有人在用东西敲击你的脑袋一样,敲击一停止,感觉舒服极了。除此之外,你还学什么了?"

"我想多学学物理,可老师说我的数学不好,不适合学物理。"

父亲明智而审慎地点了点头。"这他懂行。为什么偏爱物理呢?"

"这跟'时间'有关。"吉尔伯特简单地说。

整个夏天,吉尔伯特跟着家庭教师学习,父亲则坐在办公桌旁整理账目,或者驱车进城打电话联系业务,按自己的意愿确定地点和时间,竭力让他的轮船航运顺利,货物平平安安。除此之外,父子俩一有空,就在一起谈论"时间"。

"为什么对时间感兴趣,吉尔[1]?你才十一岁,儿子!你有大把大把的时间!等你老了,再为时间发愁吧。"

吉尔伯特假装没听见他的话,而是说道:"我在以多种方式考虑:

---

[1] 吉尔伯特的昵称。

时间就像是空间。如果我是在海上，站在一艘船的甲板上，便可以看见前面的风景有一些展现的方式，而回头看，身后也可以看到一些微妙的展现方式。但地平线会从两个方向抹掉这一景观。时间与此相似。我可以用某些方式回首往事，回忆越是久远的往事，印象越模糊，直至什么也看不到。我也可以朝前看——咱们马上就要吃苹果馅饼，要睡觉，一觉醒来是明天。但再往远看就不行了。"

父亲扬起浓密的眉毛，十分开心地笑了笑。"哦。但是，由时间分隔开的事情相互作用，而由空间隔离开的事件却不能以同样的方式相互作用。一颗星星在宇宙的另一侧死去，由于距离太远，它的光来不及抵达咱们这儿就消失了，不会对咱们产生任何影响。可是，几百年前发生的事情却可以影响——这就跟种树一样，先播种，种子长成橡树，而橡木就做成了这张桌子……"说着，他把碟子在桌子上顿了顿，震得咖啡杯东摇西晃，像个颠簸的木头块。接着，他又一次扬起了浓密的眉毛。

"哦？"吉尔伯特说。这一点他倒没想到过。"如果时间向四面八方移动，速度各异，是否就可以产生一种空间——星系遥远的另一端发生的事件就影响了咱们？"随后，他回答了自己的问题："当然喽。因为在时间的概念上，事件可能向后旅行……哦，或者……"他思索了一下，想起了尼尔斯的话。"或者说侧行。"他咽了口唾液说。

"在时间方面，侧行是怎么一回事呀？"

吉尔伯特耸了耸肩说："侧行就是侧行呗。"

父亲哈哈大笑，笑得眼泪流出来，顺着脸颊朝下滚。吉尔伯特不愿说出这是尼尔斯提出的术语……此时引得父亲开怀大笑，真让人高兴，就像是把圣诞节、生日以及海滩游玩日三个喜庆的日子都集中在了一个时刻。

过后，父亲带他去海边，沿着悬崖上山羊走的陡峭小径攀爬，脚步稳健得就跟山羊似的。他们看着落日沉入万顷海波,然后在潮水坑里蹚水,用手在温暖、腥咸的水里搅动,让带有荧光的斑点大小的生物体亮起来,像烟花的光焰一样。他们坐下来看星星,看月亮,或仰面躺在沙地上——吉尔伯特把头枕在父亲的胳肢窝里,闭起眼睛听父亲讲大海的故事,讲他在漫长、孤寂的寒冬所去的地方,耳旁海水丝丝地响,像是生他时因难产而亡的母亲在窃窃低语。

父子俩借着月光择路返回到悬崖上。那白白的、蓝蓝的月亮带有几分灰色的光晕,亮晃晃的,把周围照得似白昼一般。回到家,父亲抱他上床,仿佛他是个三岁的小孩子似的,为他掖掖被子,用他那胡子巴茬的嘴唇吻吻他的额头。

他躺在那儿——那一刻朦朦胧胧,像是太妃糖黏黏糊糊的,是即将进入梦乡的一刻。此时他脑子里出现了一个想法:如果空间和时间一样,是单向运动,只有两个维度,那该怎样?

吉尔伯特把头枕在父亲的胳肢窝里,闭起眼睛听父亲讲大海的故事。

……

一年过去了。根据吉尔伯特的记忆，夏日的第一个信使一直都是邮差奥辛格先生。奥辛格先生骑自行车沿环海路来到他家，送来父亲的电报，说他将抵达港口，要家里准备迎接他。居里夫人通常会签名，然后敲敲书房的门，把电报递到急切的吉尔伯特的手中。

而今年，窗外风雨交加，尤里亚特先生不厌其烦地在讲解火成岩的构成情况，却没见居里太太来送信，把吉尔伯特从地理课中拯救出来。尤里亚特先生讲完火成岩，接下来讲代数，后又讲莎士比亚，也没见她来书房。最后，课上完了，吉尔伯特走出书房—— 书房里只剩下了尤里亚特先生一人在那儿捅炉火，加木柴，以抵御外边反常的狂风。

吉尔伯特轻飘飘走下楼，仿佛置身于梦境—— 一种不祥的感觉要他待在自己的房间里不要出来，能待多久就待多久，可是却又身不由己地前来找女管家。女管家在搅晚上烘蛋糕用的面糊，缓慢、熟练地摇着搅拌机的把柄，消瘦的肩膀一动一动的，从后背看显得很正常。可是，听到房门在吉尔伯特身后吱扭一声关上时，她停止了搅拌，肩膀却仍在一动一动，在颤抖，在起伏。她转过脸来，惊得吉尔伯特叫出了声，朝门口倒退了一步。她像是陷入到了时间的激流中，加速了老化，把她从一个老妪变成了一具活僵尸。她脸上的每一条皱纹似乎都加深了，丝线似的头发软塌塌披散在额头上，两眼发红，泪水哗哗地泉涌而出。

她趋前一步，吉尔伯特想转身跑开，却呆呆地没有动，双脚像生了根一样。她走过来，用瘦弱的胳膊搂住他，将他抱紧，呜咽呜咽哭起来，声音干燥、刺耳。"他不会回家来了。"她附在他耳旁低声说道，下巴上的胡须刺得他发痒。"他不会回家来了，吉尔伯特。天呀，天呀，天呀。"他抱住她，拍拍她，觉得身边的时间流动得慢得出奇——慢得都让他可以回忆起他和父亲一道度过的每一甜蜜时刻，回忆起父亲对他讲述过的每一场暴风雨。这样过去了很长时间。后来，尤里亚特先生下楼喝茶，在厨房里看到了他们。他抱起痴呆呆的吉尔伯特，送他进卧室，帮他脱掉鞋，陪着他坐了几个小时，直至他最后睡着。

天亮时，暴风雨已经结束。吉尔伯特走到窗前，看看那单调的蓝天和那丑陋的黄黄的太阳，意识到父亲已永远离开了他，去了时间的尽端。

……

夏日的头一周，艾美和她的弟弟跟他玩，总是有些不自在，就好像他是件易碎的瓷器或者染上了瘟疫一样。但第二周，他们就恢复了常态，又是出溜出溜地爬树又是攀登悬崖，或者骑自行车在野外疯跑，越跑越远。

最值得一提的是，他们还跑到调车场去玩，沿着旧铁轨撒欢。那条铁轨从废弃的货运码头出来，在海滩上延伸开去，一直延伸到离他们的家数英里之外的地方。没有了吉尔伯特父亲的指点，家庭教师和居里太太这一夏天无所适从，都不知道怎么对待吉尔伯特才好了。吉尔伯特充分地利用了这一点，动辄就带着林伯格家的几个孩子出去郊游，一次比一次跑得远。他们的背包里装满了食物、水以及有用的工具——螺丝刀、撬棍和一罐罐的油。

调车场也许是有主人的，但不管主人是谁，反正都躲得远远的，吉尔伯特自打生下来就没有见他们关注过这儿。几十年前，货船驶进码头，货运列车就沿着这锈迹斑斑的铁轨把货物送往内陆。撬棍轻轻一撬，工具棚那生锈的挂锁便掉下来，成了碎片；大门的铰链老掉了牙，开门时咯吱咯吱尖叫个不停。

棚内光线昏暗，蜘蛛网成片，散发着霉味，却有着千百件宝贝——旧时刻表、电报机（一台笨呆呆的电报机，电报稿摞起来有家里的地毯那么厚)、古香古色的威士忌酒瓶、皮革面的杂志(那杂志一碰就成了粉末),另外还有……

一辆手摇车!

"这车肯定动不了了。"艾美说,"这玩意儿比恐龙都要老,彻底锈透了!"

吉尔伯特装没听见她的话。他希望能把车移动,稍微靠近那些脏兮兮的窗户。在棚内黑黢黢的阴影里,几乎看不出什么名堂来。他用劲推那摇柄,把全身的重量都压了上去。摇柄呻吟一声,尖叫一声,接着又呻吟一声。它移动了一英寸。那可是神奇的一英寸!吉尔伯特取过油罐,把每罐重四十克的润滑油毫不吝惜地滴在每一个自己所能看到的轴承上。尼尔斯和欧文为他举着灯,艾美也靠近了些。他又推了推摇柄。摇柄又呻吟了一声,尖叫了一声,尖叫的声音比刚才大多了。摇柄被他压了下去,手摇车隆隆向前移动,差点压碎艾美的脚(要不是她动作快,朝后一跳,她就成跛子了)。她似乎并没有把这往心里去。她和她的弟弟,以及吉尔伯特,全都痴呆呆望着那手摇车,好像在说:"你这是要钻到哪里去?"

……

他们给手摇车起名叫卡拉马祖。大家又是给车上润滑油又是使劲摇,总算把它移到了门口。他们的手指上划出了一道道血口,腿上伤痕累累,但这一切都很值得,因为前景灿烂——这车可以无休无止地摇动。

调车场的铁轨通往两个方向。一是通往内陆,通往国内——国家迅猛发展,迫切需要获得材料及活力。二是通往大海,架在石头地基上横穿港口,一直延伸至断路栈道——体积过于庞大的船无法进浅水港,只好在那儿卸货。几个孩子使用木头垫块、曲柄和杠杆,全然不顾自身的安全,总算把卡拉马祖折腾到了铁轨上。这时,他们站在那可畏的摇柄

时间在流逝。
随即,它停止了。
后来就又在流逝。

两侧,这边看看,那边看看。大家都知道对方心里在想什么:是向内陆摇还是向海边摇?

"明天再说吧。"吉尔伯特建议道。此时已是八月末,眼看就又要上课了,每过一天都像是朝着假日的末端跨进了一步。"明天再说吧。咱们明天决定吧。请把要用的东西带来。"

当天夜里,他们不约而同地把各自心爱的东西打进了包里。吉尔伯特准备了一套水手服(父亲每年都给他买一套新的)和他那本关于时间和空间的书,往包里装进了一条居里太太珍存的野餐用的毯子,另外还从地窖里取来了硬面包、罐装柠檬水和苹果。居里太太耳朵特别聋,在他打点行装的过程中始终未醒。随后,吉尔伯特去父亲的书房,拿上那个原本属于祖父的望远镜——祖父也是在海上失踪的。他打开一个橡木小匣子,里面装有祖父的六分仪,但由于他一直不会用这东西,就又把它放下了。他拿起父亲的那个硕大的银质怀表，朝脚上的雨鞋套去，发现还挺合适的——上次套，都能把他的两只脚套进去。时间飞逝，他没注意到，而他的脚却是知道的。

他将包裹拖到车道尾端的灌木篱墙跟前，然后上床，很快就睡着了。没过多久，阳光就照在了他的脸上。他醒来，穿上水手服，下了楼，大声对居里太太问了声好。居里太太见他穿着水手服，冲他神秘地一笑。她端来了奶油樱桃烤饼（樱桃是从家庭教师棚屋后的树上摘来的）、一杯牛奶和一大堆煎土豆。他吃啊吃，一直吃到肚子里再也装不下东西为止。随后，他和居里太太告别，走到灌木篱墙跟前取出藏在那儿的包裹，将包裹塞进自行车篮里，晃晃悠悠到林伯格家门口和朋友们会齐。他的朋友们一个个都带着包裹，骑着自行车。

骑车到调车场的半小时短得厉害，吉尔伯特还没来得及考虑自己究竟在干什么，就过去了。时间跑得太快，让思绪都跟不上了。这就像是高速行驶的列车，只能看得见一闪而过的模糊不清的车厢、飞转的车轮和列车喷出的蒸汽。

大家七手八脚把带来的包裹卸到卡拉马祖的平台上时，它的身上挂着滴滴的露水。吉尔伯特将他的包放在离大海最远的一端，而艾美则把她的包放在距离陆地最远的一端。他们分站在泵式摇柄的两边——很明显，艾美想把车摇向陆地，而吉尔伯特想把车摇向大海。这是很自然的。

艾美瞧瞧吉尔伯特，吉尔伯特瞧瞧艾美。吉尔伯特取出祖父的望远镜，拿掉镜头上的皮盖，将望远镜拉长，向着大海望去，左右转动着角度，这下子看得比他以往任何时候都要远。随后，他默默地将望远镜递给艾美，艾美转过身面朝海湾，用望远镜把海湾扫视了一遍。接下来，她把它交给尼尔斯和欧文，让他们轮流看。

此时，什么话都不用多说了。大家一道用力压那个决定卡拉马祖行驶方向的僵硬的操纵杆，让车子进入状态，一上一下地使劲把它向大海边摇去。

……

从望远镜里看到的是海波，除了海波还是海波——再往远处，那海波通向欧洲、非洲以及世界的其他地方，形成了地球的曲度。望远镜里还能看到一小片陆地和一个为之增辉的摇摇欲坠的海上古要塞，云遮雾绕，由于无人看管而长满了杂草和乱树。远处则是一望无际的海波。

他们摇了有一个小时的时间，轻柔的海风变成了硬硬的风。起初，手摇车慢慢移动，车轮咯吱咯吱响着。后来，随着轮轴上的铁锈掉下来，轴承恢复了原来的状态，轻轻松松相互驱动起来。摇车可是个艰苦的活儿。孩子们即便轮换着干活，却很快就累得浑身酸痛。艾美提出要休息一下，吃点东西。

他们一口一口嚼着三明治，吉尔伯特突然产生了一种想法。"咱们可以把这个当风帆用。"他用一个脚趾轻轻碰碰他的野餐毯说。尼尔斯和欧文的胳膊短，摇车时受的苦多，一听就喜欢上了这个想法，于是动手把钓鱼竿和长撬棍绑在卡拉马祖之上当桅杆用。艾美和吉尔伯特让他们干活，带着智慧的长者之风在一旁观看，一边吃三明治，一边沐浴着微风，任风把他们的汗水吹干。

他们再次启动时，卡拉马祖精神了，似乎休息了过来，桅杆前的风帆鼓得满满的，行进比以前轻便了。当吉尔伯特和艾美停下来，把摇车的责任移交给双胞胎时，卡拉马祖光靠硬硬的风驱动，就继续朝前行走了。四个孩子舒舒服服地待在泵式手摇车的尾部，任由时间和空间擦身而过。

……

就在远方的某处，时间和空间一样，而空间也和时间一样。

"咱们就像时间，在穿过空间。"吉尔伯特说。

艾美朝他噘噘嘴，这一熟悉的表情是让他不要胡说八道，但他视而不见。

"情况的确如此。"吉尔伯特说，"咱们在沿着一条直线，以一种无法控制的速度从后走向前。两边的空间原本可以穿越，但是咱们却没有穿越。在这铁轨之上，咱们不能侧行，不能后退，不能上也不能下，连速度也不能控制，成了空间的奴隶。咱们在穿越时间时，也是这个样子。"

艾美听了直摇头。尼尔斯对这一观点似乎很激动，只见他用胳膊碰碰他的双胞胎兄弟，二人唧唧咕咕用他们那种离奇古怪的双胞胎语言议论起来。

海上要塞现在肉眼可以看得见了。用望远镜，吉尔伯特都能看得清墙砖以及鸟粪流下残墙所印的痕迹。铁轨一直通到要塞跟前——那儿曾经被用作海关检查站。过了要塞，铁轨伸向这一小片陆地另一端的隐蔽码头。

"但愿这风能转向。"艾美举起一个湿漉漉的手指测了测风向说，

"要不然，摇车回家赶着吃晚饭，得花老鼻子时间了。"

吉尔伯特掏出怀表来（早晨，他根据家中前厅的那座硕大的老爷钟为怀表调了时间），小心地上上发条，打开表盖，检查了一下秒针。秒针似乎有点慢，不过这也许只是他的想象罢了。按怀表看，已经快十一点了，他们在铁轨上已摇了三小时了。

"我想，咱们到要塞那儿能赶得上吃午饭。"他说道。

一提到吃饭，尼尔斯和欧文就嚷嚷着要进食垫补垫补。艾美为他们翻找出了饼干，那是她从家中厨房的那个大罐子里偷来的。

吉尔伯特盯着怀表看了看。怀表的秒针已经停了。他把表凑到耳朵跟前。确切说，那表已不再嘀嗒嘀嗒作响了，而是发出卡车轮子在春天泥地里滚动的那种噗嗤噗嗤的声音。

时间在流逝。

……

随即，它停止了。

……

后来就又在流逝。

"啊！"尼尔斯和欧文一起叫出了声。

手摇车的两侧又出现了一些铁轨，穿过无边无际的海港，一直延伸向天涯海角。每条铁轨上都有手摇车，都有风帆和孩子。有些铁轨在他们的前面，有的则在后边。前面一片吵闹声，引得他们抬头望去，望望那些路，那些铁轨和手摇车，望望车上那些林伯格家的孩子们以及吉尔伯特们。有些孩子比他们年龄大，有些则小一些。一个吉尔伯特哭哭啼啼的。有一个吉尔伯特是女儿身。

吉尔伯特挥挥手，有一百个吉尔伯特也挥手作答。其中有一个朝他竖了竖中指。

"你好!"艾美说了一声。她右边有一个艾美请她吃三明治。她接过来,随手把最后的一块饼干递了过去。那个艾美冲她笑笑,说了声谢谢,简直礼貌极了。

　　"侧行就是侧行。"尼尔斯和欧文异口同声地说。艾美和吉尔伯特点了点头。

　　吉尔伯特掏出望远镜,望了望前方的要塞。所有的铁轨都聚集在了那儿,但都没有交叉点。有几条铁轨向着要塞的更远处延伸。就在远方的某处,时间和空间一样,而空间也和时间一样。那儿的某个地方,有一位父亲乘船遇到了风暴,他没有在风暴中丧命,而是安然脱险了。

　　吉尔伯特把身子转向他的朋友,和他们一一握手。尼尔斯洒了几滴泪。艾美友好地在吉尔伯特的肩膀上捶了一拳,然后抱了抱他。

　　他们的右侧还有一辆卡拉马祖。吉尔伯特很有把握,认为自己轻而易举就能从这辆手摇车跳到那一辆上,再从那一辆跳到另一辆,接着再跳到紧邻的一辆,一直往远跳,往永无止境的侧面跳。

　　如果有答案的话,他会在那儿找到的。

拜访

【美】托马斯·沃尔夫

高地上有一座小镇，位于长长的铁道线旁。小镇的郊外有个小屋，小屋配有一个整洁明亮的绿色百叶窗。屋的近旁有一片菜园，里面整整齐齐种着蔬菜。那儿还有葡萄架，八月底葡萄蔓上就会结满沉甸甸的葡萄。屋前栽植有三株巨大的橡树，一到夏天便郁郁葱葱、浓荫如盖。小屋的另一侧则是花园——一个姹紫嫣红的小天地。所有这一切营造出一种温馨、洁净、朴素和生机勃勃的气氛。

每天下午两点多一点儿，会有一辆特快列车从此通过。列车要在小镇稍作停留，然后徐徐开走。只见它喷着蒸汽，从容不迫地驶离，车轮压在铁轨上发出嘎嘎的声音，绕过弯道，向远方开去。列车行驶在草原的边缘，每隔一定间距便鸣一声汽笛，喷出几圈浓烟，留下它旅行的轨迹。别的任何声音都听不到了，耳旁只有列车的车轮发出的喳喳声，最后那声音消失在远方，周围一片寂静。

二十多年来，列车每次驶近小屋，司机都要拉响汽笛。一个妇人听到汽笛声，便会从小屋里跑出来向他挥手致意。起初,她身边总跟着一个小女孩。渐渐地,小女孩长成了大姑娘。母女俩形影不离,总见她们一道向列车致意。

随着岁月的流逝,列车司机成了一个白发苍苍的老人。他驾驶的列车横穿这片区域已经有无数次了。而今,他的子女均已长大,有了自己的家庭。在漫长的职业生涯中,他沿着铁道线目睹过人世间种种不幸的情景——无家可归的流浪汉、佝偻着腰的老人……不管他经历过什么样的不幸和危险,也不管他有过什么样的欢乐和喜悦,他的心里始终萦回着那一对母女向他挥手致意的身影。那印象深深地刻在了他的脑海里,成为一种美丽、神圣的象征。

驾驶列车的时候,一看到那个小屋和那两个女人,他就感到无比幸福。一千次阳光明媚的时刻,他看到了她们;一千次风雨交加的时刻,他看到了她们;一千次冰封大地的时刻,他看到了她们;一千次百花争妍的时刻,他看到了她们。

他感到那小屋以及她们母女十分亲切,觉得她们的生活已深深融入他的生命,觉得自己十分了解她们。他决定退休后一定要去拜访她们,跟她们好好谈一谈,因为她们的生活已经和他的生活紧密交织在了一起。

这一天终于来到了。他退休了,离开了自己的工作岗位,靠领取养老金过日子。于是,他前去拜访那一对母女。他到了那个小镇,走到街上去,却觉得眼前的一切十分陌生,好像以前从未见过这个小镇似的,心里不由产生了迷茫和慌乱之感。怎么回事?这个小镇他经过了有一万次了呀!这些难道就是他从列车上无数次看到过的房屋吗?怎么如此陌生呢?简直就像是在梦中一样!他越往前走,心里的疑虑就越重。

走出小镇,郊外的一条乡村小路旁坐落着稀稀拉拉的农舍,行人稀少。那一对母女就住在其中的一个农舍里!天气闷热,司机在土路上边走边寻找。终于,那个农舍映入了他的眼帘。那参天的橡树,那花园、菜园和葡萄架……不远处就是闪闪发亮的铁轨……

不错,这就是他要寻找的小屋!这地方他已经路过了无数次,已经成了他梦想中的福地。啊,总算来到了这里!可是,他的手怎么在颤抖!为什么这小镇、土路、田野以及他眷恋已久的小屋会变得如此陌生?为什么他会感到惆怅、疑虑和失望?

他想着想着走进了院子里,沿小径前行,踏上通向门廊的三级台阶,敲响了房门。门开了,一个女人站在了他面前。

瞬间,他感到极为失望和懊丧,对这次拜访觉得深深的后悔。他认出眼前的这个女人正是千万次向他挥手致意的那个人,但她是如此憔悴、消瘦、萎缩,皮肤灰黄,松松地耷拉着,皱皱巴巴的,一双小眼睛惊恐不安地盯着他瞧。以前,她挥手时表情坦率、坚毅,脸上带着深情,现在却显得冷冰冰的,所有的一切美感都消失不见了。

当他解释自己的身份以及来意时,由于心情的变化,声音显得虚伪和勉强。不过,他还是结结巴巴地说了下去。以前的欢乐、企盼和爱慕消失了,取而代之的是困惑、后悔和疑虑。

那女人十分勉强地请他进了屋,尖着嗓门喊她的女儿过来见客人。这是一段痛苦难熬的时间……司机坐在简陋的客厅里,想和那母女说会儿话,而对方阴沉着脸,表情抑郁,用迟钝、寡欢的眼睛盯着他。

末了,他结结巴巴地跟母女俩道别,沿小径朝镇上走去。他突然意识到自己已是个年迈的老者了。当年驾驶列车飞驰时,他是何等自信、果敢!现在,昔日光辉灿烂的美景已风光不再!那小屋,那一对挥手向他致意的母女只能是对欢乐时光的回忆了。

纽约的慈善机构

【美】西奥多·德莱赛

当时的纽约城有许多慈善机构,其中之一就是第十五大街慈善姐妹会的修女传教所。那是一排红砖住宅房,门前挂着一个简陋的捐款木箱,箱上标明每天中午对前来求助的人免费提供膳食。这份简单的通告极其不起眼,但涉及的却是一种慷慨的施舍行为。纽约的慈善团体和机构极为广泛,多如牛毛,生活比较舒适的人不常注意这种事情。可是对一个关注这类事情的人来说,就洞若观火了。除非特别留意这种现象,否则你就是中午时分在第六大道和第十五大街的转角处站上几天，也不会注意到每隔几秒钟就会从行走在这繁华街道上的滚滚人流中出来一个满脸风霜、步履沉重、面容憔悴、衣衫褴褛的人。然而这是千真万确的事实，天愈冷愈明显。传教所地方狭小，又没有个煮饭的厨房，不得不安排分批就餐，每次只允许进二十五至三十人，所以外边的人得排队，按次序入内吃饭。因此，每天都会出现一幕奇特的景观，可年复一年地重复也就司空见惯，不足为奇了。那些人在冰天雪地里似牛群一样耐心地等待，要等上几个小时才能进去就餐。没有人过问，也没有人招待。他们吃过就走，有些是每天按时来，整个冬天都如此。

　　每天施饭，自始至终都有一位身躯肥大、面容慈祥的女人守在门口清点进去的人数。人们严肃地依次走上前来。他们不慌不忙，不急不躁，差不多像是一群哑巴。就是在最冷的天气，在这里依然可以看到这支队伍。在凛冽的寒风中，他们使劲地拍手和跺脚。他们的手指和脸上的五官看起来像是被严重冻伤了一样。在光天化日之下打量一下这些人，就会发现他们差不多都属于同一类型。这类人在不太严峻的天气到公园里坐板凳，夏夜就在板凳上睡觉。他们常去波维里街以及东区的那些贫穷的街道，在那里，褴褛的衣衫和枯槁的面容是不足为奇的。他们在阴冷的天气待在寄宿处的起居室里，或跑到东区南部的一些街道去，要不就蜂拥在六点钟才开门的廉价客栈门口。恶劣的食物、吃饭不定时以及狼吞虎咽，严重地损害了他们的骨骼和肌肉。他们脸色苍白、皮肤松弛、眼睛无神、胸脯凹陷，嘴唇显出病态的红。他们不大梳理头发，耳朵缺乏血色，鞋子破烂不堪，鞋跟和鞋尖都已磨坏。他们随波逐流，四处漂浮，每一股人流就能冲上来一个，就像浪涛把浮木冲上暴风席卷的海岸。

　　在纽约的另一处——百老汇大街和第十大街的拐角，面包师弗莱施曼在将近二十年的时间里，对凡是于午夜来他经营的饭馆侧门求食的人，都会施舍一块面包。二十几年来，每天夜里都有三百人左右，排起队伍，于指定的时间从门前走过，从置于门口的一只大箱子里拿起自己的一份面包，又消失在夜色里。从一开始直到现在，这些人的特征和数量都没有什么变化。年复一年看着这只小队伍经过的旁观者，已经熟悉了其中的两三个人。这里边有两个人在十五年的时间里几乎连一夜也没有空过，有四十个左右的人是常来常往的老客，队伍里其余的则是陌生人。就是在经济恐慌和特别困难的时期，人数也很少超过三百。在经济繁荣期，失业现象极为罕见时，求食的人数也难得减少。不分寒暑，不论阴晴和时势的好坏，总有这么多的人于午夜悲惨地聚集在弗莱施曼的面包箱前……

摩诃摩耶

【印度】泰戈尔

一

摩诃摩耶和洛奇布在河边的一座寺院里相见了。

她默默地用庄重的目光望着洛奇布，眼里透出责备之意，好像在说："你怎么敢在这样一个非常的时刻约我上这儿来？也可能是我平时太迁就你了，你才这么纵容自己！"

洛奇布历来有点儿怕摩诃摩耶，现在，她的目光使他感到心慌意乱。他原来想好了一大堆话想说给她听，此时却无言以对。然而他总得解释一下约她来这儿的原因呀。于是他脱口说道："咱们远走高飞，离开这儿，去结婚吧。"洛奇布一语道出了自己的心事，可是他原先在肚子里酝酿许久的话却没有说出口。他显得拙嘴笨舌、言语唐突——甚至荒谬可笑。话一出口，他自己也感到慌乱了，可是口中再也无词能对此加以补救了。真是傻里傻气的！他约了摩诃摩耶中午到河边这寺院里来，却只说了句"咱们远走高飞，离开这儿，去结婚吧"。

摩诃摩耶是名门之女，芳龄二十四岁，年轻貌美，像一座带有早秋阳光色彩的纯金塑像，又像太阳那样宁静而光芒四射，还有着一双妩媚、勇敢的眼睛。

她父母双亡，由她的哥哥帕凡尼查兰·查托巴迪亚负责监护。

兄妹俩属于一个类型——沉默寡言，可是内心有一种精神的力量像正午的太阳那样在静静地燃烧。不知什么缘故，周围的人都害怕帕凡尼查兰。

洛奇布是随着丝织厂的普洛先生从远处来的。洛奇布的父亲曾为这位先生工作，他父亲去世后，普洛就担负起抚养这个孤儿的责任，带他到巴曼哈迪厂来了。那年头，这种行善积德的现象极为常见。小洛奇布和喜爱他的姑母住在帕凡尼查兰家的附近。他和摩诃摩耶是幼年的伴侣，而摩诃摩耶很得他的姑母的喜爱。

转眼间，洛奇布已经成了大小伙子。然而，尽管他姑母不断催促，他仍然拒绝结婚。

摩诃摩耶也没有结婚。除非她有一份丰厚的嫁妆，否则就得不到一个门当户对的人做她的新郎。她长大成人了，可是还待在闺房中。

不必明说，读者也能知道：虽然经管婚姻的神长久忽略了这一对青年，但爱神在这一段时间并未闲着……

爱神的影响在不同人的身上有着不同的表现。洛奇布一直在寻找机会吐露自己的心曲。摩诃摩耶却从不给他这样一个机会。她那庄重的目光使坠入爱河的洛奇布却步不前。

今天，他千恳万求，她才到这寺院里来了。他曾经有过小算盘，要在今天毫无保留地将闷在肚子里的话和盘托出，讲给她听。说完的结果，将不是终身幸福，就是虽生犹死。可是，在这决定命运的紧要关头，洛奇布嘴里却只迸出了一句话："咱们远走高飞，离开这儿，去结婚吧。"说完，他便惶恐不安地站在那里，一声不响，像一个背不出书的孩子一样。

摩诃摩耶半晌没有说话，好像她从来没有想到过洛奇布会向她求婚。

正午时分，有许许多多让人一听就坏心情的声音……残破的寺院大门，一半已经脱离门枢，被风吹得时开时闭，低低地发出嘎吱嘎吱的悲鸣。栖息在窗棂上的鸽子咕咕咕叫个不停，像是在呻吟。户外木棉树上的啄木鸟无休无止地用鸟喙啄树木，声音单调凄凉。一只蜥蜴从一堆一堆的枯叶上急速爬过去，发出沙沙的窸窣声。忽然间，一阵热风从田野吹来，穿过森林，把满树的叶子吹得哗啦哗啦响。河水猛然苏醒了，泛起微波，掠向岸边，淹没了河边上的破石台阶。在这些零零乱乱懒懒散散的声音里，还夹杂着远处树荫下牧童吹奏乡村小调的笛声。洛奇布呆呆地靠着寺院的破柱子站着，像一个身心疲惫的梦中人。他凝视着河水，不敢正眼看摩诃摩耶。

过了一会儿，他转过头向摩诃摩耶又投来恳求的眼光。摩诃摩耶摇了摇头，回答说："不，不可能。"

刹那间，他的希望的殿堂坍塌了。他知道，摩诃摩耶一摇头，便是拿定了主意，谁也无法令她回心转意了。摩诃摩耶家多少代以来就以名门望族的血统而自豪——她怎么能同意下嫁给洛奇布这样一个家世低微的男子呢？恋爱是一回事，婚姻又是另外一回事啊。她现在终于明白了，肯定是自己过去轻率的行为使得洛奇布怀有这样大胆的希望。她必须离开这座寺院！

狂风好像要把这一对年轻人从这个世界赶走,把他们带向地狱。

洛奇布了解她的心思,赶紧说:"我明天就要走了。"

最初她想对这个消息表示毫不在乎,可是她做不到。她想一走了之,她的脚却像生了根一样,怎么也挪动不了。只听她平静地问道:"为什么?"洛奇布说:"我的东家从这儿调到梭那普尔的工厂去了。他要带我一起去。"她又默默地站了好半天,心里暗忖:"我们不是一条路上的人,我不能阻碍他走自己的路。"于是,她微微启开紧闭的芳唇说:"好吧。"这两个字听来简直是一声深沉的叹息。

说了这两个字,她转身刚要走,洛奇布猛然一惊,低声说:"你哥哥来了!"

她往外一瞧，看见她哥哥朝着寺院走来，知道他已经发觉他们在秘密约会了。洛奇布怕摩诃摩耶被人误解，想从墙上的破洞钻出去逃走。可是摩诃摩耶拉住他的手臂，用力拉他回来。帕凡尼查兰进了寺院，只默默地平静地看了他们一眼。

摩诃摩耶眼睛盯着洛奇布，泰然自若地说："好吧，洛奇布，我会到你家去的。你等着我吧。"

帕凡尼查兰一声不响地离开了寺院，摩诃摩耶也一声不响地跟着他走了。洛奇布茫然站在原地，好像被判处了死刑一样。

二

当天夜里，帕凡尼查兰给了摩诃摩耶一件深红色的绸纱丽[1]，要她马上披上。接着他说："跟我走。"当地的人谁也不敢违抗帕凡尼查兰的命令，哪怕只是对他的一个暗示也不敢违抗，摩诃摩耶亦不例外。

这天夜里，兄妹二人走到离家不远的河边的火葬场。那儿有一间小屋，收容将要送到圣河边火葬的垂死的人。此时，小屋里正躺着一个老婆罗门，在那里等待着死神降临。两人走近床边。屋子的一角有一个祭司，帕凡尼查兰对他打了个招呼，祭司急忙收拾好举行婚礼要用的东西。摩诃摩耶明白自己要嫁给这个垂死的人了，可是她没有丝毫反抗的表示。在这间被附近的两个火葬堆的微弱火光映得半明半暗的屋子里，在喃喃的念诵经文的声音和垂死人的呻吟声中，他们为摩诃摩耶举行了婚礼。

婚后第二天她就成了寡妇。她并不为此而感到过于悲伤。洛奇布也是这样——她成为遗孀的消息没有像她要结婚的消息那样对他造成沉重

---

[1] 纱丽（又称纱丽服）是印度、孟加拉国、尼泊尔、斯里兰卡等国妇女的一种传统服装。

的打击。他反而有点儿高兴。然而高兴的心情并没有持续多久，又一个消息传来，把他完全击垮了。他听说火葬场要举行一场隆重典礼，摩诃摩耶要成为殉葬品，和她丈夫的尸体一起火葬。

最初他想报告他的东家，求他阻止这残酷的殉葬。可是他随即记起，就在这一天，东家已经离职到梭那普尔去了。

东家本想带他同去，可是他请了一个月的假，要暂时留在这里。

摩诃摩耶曾叮嘱他"等着我"。他决不能忽略这个要求。

他请了一个月的假，可是如果需要的话，他可以请两个月、三个月的假，甚至抛弃职业去讨饭，也要一直等着她。

黄昏时分，正当洛奇布疯狂地要冲出去寻短见或者干些别的可怕的事情时，忽然电闪雷鸣、大雨滂沱，暴风雨袭来，几乎把他住的棚屋都冲倒了。他见整个世界和他的内心一样，同样翻腾不息，精神上多少获得了一点安慰。他觉得大自然在支持他，要赐给他一些力量。

就在这时，外面有人猛力推门。洛奇布忙把门打开。一个女人进来了，她裹着湿透了的衣裳，一条长长的面巾遮住了整个脸庞。洛奇布一眼就认出来者是摩诃摩耶。

他十分激动地问道："摩诃摩耶，你是从火葬场逃出来的吧？"

她回答道："是的，我答应过要来你家。我信守诺言，于是就来了。不过，洛奇布，我不是从前的我了，我完全变了。只有我的心还是昔日的心。只要你提出来，我还可以回到火葬场去。但是，你如果发誓永不揭开我的面巾，永不看我的脸，我就会在你家住下来。"

从死神手中夺回了她，这已经够了，此外一切要求都不在话下！洛奇布立刻回答道："在这儿住下吧，你爱怎么样都行。如果你离开我，我就会死的。"

摩诃摩耶说："那么立刻走。咱们到你的东家那儿去。"

洛奇布抛下家中所有的财物，和摩诃摩耶一起在暴风雨中出发了。风吹得他们直不起腰，被风卷起的砂砾像流弹一样射来，打得他们身上发痛。狂风在后面追赶他们，好像要把这一对年轻人从这个世界赶走，把他们带向地狱。

三

读者千万不要对我的故事持怀疑的态度，不要认为这是虚构的、脱离现实的。在流行寡妇殉葬的年代里，的确发生过这一类事情。

摩诃摩耶被绑住手脚放在火葬堆上，在指定的时刻点着了火。火焰呼呼朝上直窜，而就在这时狂风大作，暴雨倾盆。那些来主持大典的人连忙逃进那个停放垂死的人的小屋，关上了门，大雨顷刻之间便把火葬

面巾形成的隔离，时时刻刻在粉碎活生生的希望。

堆的火浇灭了。这时，摩诃摩耶腕上的绳索已经烧成灰烬，她双手能活动了。于是，她忍住烧伤的剧痛，一声不响地坐起来解开脚上的绳索。然后裹着那已经烧毁了一部分的衣裳，半裸着身子从火葬堆上站了起来，先回了她的家。家中没有人，所有的人都去火葬场了。她点亮灯，换上一件新衣，对着镜子看一下自己的脸。随即，她把镜子摔在地上，沉思了片刻。最后，她取出一条长长的面巾遮住脸，走到邻近的洛奇布家。这以后发生的事，读者已经知道了。

不错，摩诃摩耶现在的确住在洛奇布家里了，可是洛奇布并不快乐。其实不过是一层薄薄的面巾隔开了他们。但这面巾却是永恒的，像死亡一样，甚至比死亡更令人痛苦。因为死亡造成的苦痛，随着岁月的流逝，还可以逐渐消失，而面巾形成的隔离，却时时刻刻在粉碎活生生的希望。

摩诃摩耶原来就具有沉静的性格，而现在面巾遮盖下的那份沉静显得加倍令人难以忍受。她好像是生活在一条死亡的帷幕后面。这沉寂的死亡，缠住洛奇布的生命，似乎在使他的生命一天天萎缩下去。他失去了从前认识的那个摩诃摩耶，而这个披着面巾的人永远默默地坐在他身旁，不让他把摩诃摩耶少女时代曾给予他的甜蜜回忆珍藏在心里。

就这样，这两个远离社会的孤独的人在一起生活了很久。

一夜，正是新月出现后的第十天，雨季以来第一次云开月朗。洛奇布离开了床，向窗外瞭望。闷热的森林把一种特殊的香气和蟋蟀的懒洋洋的低鸣一同送进了他的房屋。他放眼望去，看见一行行黑黢黢的树木旁边，已经入睡的小池塘在闪闪发光，好像一个擦得锃亮的银盘。这一夜显得静寂、美丽、庄严，正像昔日的摩诃摩耶一样。他全身的热血奔腾汇合，涌向他臆想中的摩诃摩耶了。

他像一个梦游人似地走进了摩诃摩耶的卧室……她已经睡了。

他站在她旁边俯身看着她。月光恰好照在她的脸上。啊，多可怕啊！昔日的那张熟悉的脸庞哪里去了？火葬堆的烈焰用它无情的贪婪的舌头舔去了摩诃摩耶左颊的美丽，留下的只有丑陋。

洛奇布吃惊得不由叫出了声。摩诃摩耶惊醒了——她看见洛奇布站在自己面前。她立刻把面巾遮上，昂然立起，离开了床。洛奇布知道自己闯了大祸，于是伏在她脚前，抱住她的脚喊道："饶恕我吧！"

摩诃摩耶没有回答一个字，头也不回地走出了房间。她再也没有回来。无论到哪儿也找不到她的踪迹。她那沉默的怒火，在那毫不留情的永别的时刻，给洛奇布的余生留下了一道长长的伤痕。

白海豹

【英】吉卜林

睡吧睡吧,我的宝贝,

身后就是夜晚,

蔚蓝的海水已漆黑一片。

波浪的上方,月悬空间,

水声低吟,

你我在波谷里睡眠。

浪花一卷又一卷,

它们就是你柔软的枕头,

哦,你好疲倦,

就把身子舒舒服服蜷一蜷!

没有风暴搅扰你的睡眠,

没有鲨鱼会把你追赶。

睡吧,睡吧,

悠悠晃动的大海就是你的摇篮!

——《海豹催眠曲》

所有这一切都发生在几年前一个叫诺瓦斯托斯纳的地方。那地方远在白令海,位于圣·保罗岛的东北角。本故事是越冬鹪鹩鸟利摩辛告诉我的。当时我乘坐在一艘开往日本的轮船上。利摩辛被大风刮来,落在索具上。我把它带到船舱里,让它在那儿暖身子,还喂它东西吃。它休息了几天,恢复了体力,能够飞回目的地圣·保罗岛了。利摩辛性格怪怪的,但很会讲故事,而且故事内容都是真实的。

要说诺瓦斯托斯纳那地方,谁都不会去,除非是去办事情。那儿的常来常往者唯有海豹。在夏季的几个月里,成千上万的海豹钻出冷冰冰、灰蒙蒙的海水,齐聚于那个地方,因为诺瓦斯托斯纳海滩是全世界最适合于海豹繁衍生息的地方了。

海豹凯奇了解这一点。每逢春天,不管身在何处,它都会像一艘鱼雷艇一样,劈波斩浪直直游向诺瓦斯托斯纳。在诺瓦斯托斯纳,它会跟其他的海豹厮杀上一个月争夺岩石上的位置——离大海越近越好。凯奇十五岁,大个头,一身灰皮,肩上长着一些鬃毛,一口犬牙长长的,狰狞可怕。它撑起前鳍直立起来,足有四英尺多。谁胆子大,敢给它称体重,就会发现它几乎有七百磅。它浑身伤痕累累,那是它跟其他海豹野蛮打斗留下的标记。尽管如此,它还会继续战斗下去。打斗时,它先是把头扭向一旁,仿佛害怕正视敌人似的,随即便闪电一样出击,用獠牙卡住对手的脖子。敌手可能会拼命挣扎,而凯奇决不放松。

对于败下阵的海豹,凯奇从不追赶,因为那是违背海滩法则的。它别无他求,只求一片养育儿女的空间。而每年春天,四五万只海豹来这儿打斗,也是为了求一片这样的空间。它们在海滩上怒吼、咆哮、呐喊,喧嚣声震天，好不可怕。有座小山叫哈金森山。从山头上望去，三英里半的滩地上挤满了打斗的海豹，海面的波浪间也见海豹头攒动——它们匆匆向滩头赶来，急着参加位置争夺战。在波涛间、沙滩上以及那些适合于它们养育儿女的已经被磨得光滑的玄武岩上，都可见它们打斗的身影。这样的打斗寸利必争，极其愚蠢，跟人类的纷争一样可悲。母海豹要到五月底或六月初才姗姗而至，它们才不愿参加打斗，被撕成碎片哩。两三岁或四五岁大的小海豹还没到参战的年龄，它们穿过打斗者们的阵地，深入到岛上有半英里的地方，三五成群地在沙丘上玩耍，滚来滚去，把所有的绿色植物都糟蹋个光。它们被称为"小雄海豹"，或称"光棍汉"，仅在诺瓦斯托斯纳一处也许就有二三十万只。

一年春天，凯奇刚打完第四十五场战斗，就见它那周身柔软光滑、目光温情脉脉的妻子玛特卡从大海里钻了出来。它用嘴衔住玛特卡的颈背，扑通将玛特卡放在了它争来的地盘上，粗声粗气地说："又来晚了。你这是到哪儿去啦？"

凯奇在海滩上苦战四个月，一口东西都没吃，所以脾气变得很不好。玛特卡心里有数，故而不跟它顶嘴。只见玛特卡把眼四处一扫，用甜蜜蜜的声音说："你真知道替别人着想！占的还是咱们的老地方呀！"

"这可来之不易啊。"凯奇说，"你看看我的惨样！"

它身上足有二十处伤口，血流不止，一只眼球都快被打出来了，腰部皮开肉绽。

"唉，你们这些男子呀！你们这些男子呀！"玛特卡一边用后鳍当扇子给自己扇着凉，一边说道，"你们怎么就不能理智些，平平静静地解决地盘问题呢？看你这样子，就像是刚和杀手鲸搏斗过一场似的。"

"自从五月中旬，我一直都在浴血奋战，别的什么事情都没有干。

沙滩上挤得满满当当,实在让人不爽。我遇到的海豹,起码有一百只来自卢卡侬海滩,是来找新家的。它们为什么不待在自己的老家呢?"

"我经常在想,假如去奥特岛过日子,恐怕比在这拥挤不堪的鬼地方心情要好得多。"玛特卡说。

"哪里的话!只有小雄海豹才去奥特岛哩。咱们去那儿,它们会说咱们心里害怕了。面子重要啊,亲爱的。"

凯奇说完,骄傲地把头缩在两个胖大的肩膀之间,假寐了一会儿。说睡也是装睡,其实它一直都非常警觉,随时准备迎战。此时,所有的雄海豹已和妻子们团聚于这一方之地,数英里远的海面上都可以听见海豹们的喧嚣之声,声音之大能盖过最强劲的暴风的呼啸声。数一数,海滩上的海豹数量起码要超过一百万只——有年迈的海豹、海豹妈妈、海豹幼仔以及小雄海豹。它们有的你争我斗,混战在一起,喊杀声震天;有的四处乱爬,嬉戏玩耍;有的成群结队在海水里嬉戏,沉下去,再浮上来。放眼望去,每一处海滩上都有海豹,它们在蒙蒙雾气里左冲

辽阔的大海是你的摇篮!

右突，相互厮杀。诺瓦斯托斯纳几乎总是雾气腾腾，太阳只是偶尔露露面——一出太阳，周围的一切会被染成珍珠色和彩虹的颜色。

在这一片喧嚣混乱之中，玛特卡的孩子柯提科出生了。小家伙的脑袋和肩膀大大的，一双淡蓝色的眼睛水汪汪的，跟别的海豹幼仔没什么两样，但它的皮有些特殊，引得妈妈把它仔细看了一番。

"凯奇，"玛特卡最后说道，"这孩子的皮将会是白颜色的！"

"见过空蚌壳和干海草，天底下却从未见过白海豹！"凯奇哼了声鼻子说。

"它要是白颜色的，我也没办法呀。"玛特卡说完，就像所有的海豹妈妈对待自己的孩子一样，低声唱起了摇篮曲：

> 不足六个星期大，千万别下海游玩，
> 不然你会头朝下脚朝天，
> 淹死在海里边；
> 夏天的风暴以及鲨鱼的追赶，
> 对海豹宝宝可不是闹着玩。
>
> 那可不是闹着玩呀，我的小心肝，
> 说多危险有多危险；
> 扑腾扑腾水，把身体练得强健，
> 那时就不会出危险。
> 辽阔的大海是你的摇篮！

当然，小家伙起初是听不懂摇篮曲的，只知道划动着双鳍爬来爬去，围着妈妈打转转。当爸爸跟别的海豹打架，在滑溜溜的岩石上翻滚和咆哮时，它会赶紧躲开。玛特卡去海里觅食，每两天给小柯提科喂一次东西。柯提科可着肚皮吃，长得飞快。

它一懂事就往岛上爬，在那儿遇到了数以万计的同龄小海豹，大家在一起玩耍，像一只只小狗一样，玩累了就躺在洁净的沙子上睡觉，醒来后再玩。老海豹待在自己的圈子里，并不理会它们，而那些小雄海豹也有自己的天地，于是幼仔们自得其乐，度过了一段愉快的时光。

玛特卡从深海捕鱼归来，会直接来到幼仔们的游戏地喊自己的孩子吃饭，咩咩地叫，就像母羊叫羊羔那样，一直要等到听见柯提科的回应才罢休。随后，它便应声取最直的捷径向柯提科跟前走，一路上扇动前鳍乱打一气，把左右两旁的海豹幼仔们打得七滚八落。来游戏地找孩子吃饭的海豹妈妈成百上千，海豹幼仔们一个个朝气蓬勃，充满了生机。玛特卡老是爱叮咛柯提科："别去污泥浊水里打滚，那会让你长疥疮；别在硬沙石上蹭皮，那会把皮蹭破；海上风浪大的时候，千万别到海里游泳。做到这几点，你就不会受到伤害。"

海豹幼仔游泳游得并不比人类的小孩强，但它们不学会绝不善罢甘休。第一次下海，柯提科一下子就被一个海浪打翻了，打得它头朝下屁股朝天，恰如妈妈在歌中所唱的那样。幸亏又有一个浪冲过来，使它的身子又正了过来，不然它真会被淹死的。

这以后，它就在海滩上的水洼里学游泳了——躺在水里，扑动着双鳍，随着水浪一起一伏，圆睁两眼观察情况，注意看有没有可以造成威胁的大浪。学会扑动双鳍，它用了两个星期的时间。只见它在水洼里爬进爬出，累得它咳嗽，发出呼噜呼噜的声音，于是便在海滩上睡一小会儿，然后再回到水中。到了最后，它发现自己已和水融为一体了。

可以想象，此时的它跟同伴们玩得是多么开心啊。它们扎猛子潜到滚滚的海涛下，或者骑着巨大的浪头向岸上冲——当浪头冲上海滩老远的地方，它们就在一片噼里哗啦的水声中登了岸。它们有时模仿老海豹直立起来，将尾巴压在身下，抓耳挠腮的；有时则爬上高悬于海水上空的滑溜溜、长满青苔的岩石上玩"我是城堡国王"的游戏。时不时，它会看到海面上出现一道细细的背鳍在岸边游弋，很像大鲨鱼的那种背鳍。它知道那是杀手逆戟鲸，专捕食小海豹。遇到这种情况，它会箭一般游回岸上。逆戟鲸则慢慢掉头离去，仿佛是来闲转悠的一般。

十月末，海豹们纷纷离开圣·保罗前往深海，一家一家的，一族一族的。它们不再为栖息地打得头破血流了。小雄海豹们自由地玩耍，愿到哪儿玩就到哪儿玩。玛特卡对柯提科说："明年你就成一个小雄海豹了。不过，今年你得先学会捕鱼才行。"

它们踏上了穿越太平洋的旅程。路上，玛特卡教柯提科如何躺在海面上睡觉——把身子两侧的鳍收紧，让鼻头微露出水面。太平洋海水缓缓地一摇一摇，是再舒服不过的摇篮了。柯提科全身有刺痛的感觉时，玛特卡就说这是学习"感受水流"的一种方式——一有刺痛的感觉，就说明坏天气要来了。必须拼命地游，躲开坏天气。

"过不了多久，"玛特卡说，"你游泳时就有方向感了。但就目前而言，得跟着'海猪'（鼠海豚）走，它们聪明绝顶。"说话间就有一群鼠海豚劈波斩浪地在前方游，于是小柯提科紧跟不舍。"喂，你们是怎么掌握前进方向的呢？"它气喘吁吁地问道。领头的鼠海豚把白眼珠滚了滚，一边全速前进一边说："这是因为我的尾巴有刺痛的感觉，小家伙。"那鼠海豚说："这预示着后面有暴风要来了。加油呀！若是身处'热烫水域'（它指的是赤道）以南，尾巴刺痛，那就是前方有暴风，必须掉头向北。加油呀！这儿的水给人以不祥之感。"

柯提科天天都学习，学的东西可多了，以上仅是其中的一项。玛特卡教给它的课程内容有：沿水下海岸线追踪鳕鱼和大比目鱼；在水草丛里寻找鳕鱼的藏身处，将其弄出来；遇到位于水下一百英寻的沉船挡住去路，像子弹一样钻进沉船的一个舷窗，再从另一个舷窗冲出来，追击逃窜的鱼儿；当闪电划过天空时，在海浪尖上翩翩起舞；尾巴短粗的信天翁和军舰鸟驾风俯冲时，向它们扇动海豹鳍致敬；收紧双鳍，尾巴一摆，像海豚一样跃出水面三四英尺高；不要捕食飞鱼，因为飞鱼身上净是骨头没有肉；在水下十英寻处见到鳕鱼，一个冲锋上去，咬掉它的肩衬；看到小船或轮船，尤其是那种用浆划的船，千万不要停下来观望。总而言之，半年下来，有关于深海捕鱼方面的情况，柯提科该了解的都了解了。这半年里，它都没有到陆地上去过。

但有一天在胡安费尔南德兹岛附近，它似睡非睡地躺在温温的海水里，突然感到周身无力，懒洋洋的，就像人类春困的那种味道。它想起了七千英里之外诺瓦斯托斯纳那坚实、优良的海滩，想起了伙伴们嬉戏的场景，想起了海草的腥味，想起了海豹的咆哮和争斗。于是它当即掉头向北，一直游啊游，路上碰上了许许多多昔日的伙伴，目的地都是同一地方。"你好呀，柯提科！这一年大家都长成小雄海豹了。咱们可以在卢卡侬的海面上踩着浪花一道跳'火焰舞'，然后到陆地的嫩草地上玩耍。你的皮怎么成了这个样子？"

柯提科的皮此时几乎已成了纯白色，它为此颇为自豪。不过，它嘴上仅仅淡淡地说："加油地游吧！我真想看到陆地，想得心痒痒。"于是，它们结伴回到了出生地，在海滩上又听到了父辈们在滚滚浓雾中厮杀的声音。

这天夜里，柯提科和其他一岁大的海豹们跳起了"火焰舞"。在夏季的夜晚，从诺瓦斯托斯纳到卢卡侬的海面上洒满了火焰一般的光。海豹所过之处，身后留下一道尾波，就像是燃烧的油，它们纵身一跳，便会见火光一闪——海浪破碎开去，化为一道道、一圈圈粼粼的波纹和漩涡。尽兴之后，大家登上陆地，来到小雄海豹的地盘，在新长出的野麦地打滚翻跟头，讲述各自在海上的经历。它们谈起太平洋眉飞色舞，活似人类的小男孩讲述自己在森林里摘坚果的经历。假如有哪个人能听懂它们的话，完全可以一转身便绘出一幅无与伦比的太平洋图来。一些三四岁大的海豹从哈金森山上晃晃悠悠走过来，冲它们高声喊道："到一边玩去，小鬼头们！大海深不可测，其中的玄机你们懂个屁。你们这些一岁大的小不点们，等你们去过了合恩角[1]再吹牛吧。喂，你这身白皮是从哪儿搞来的？"

"这皮可不是搞来的，而是长出来的。"柯提科回答道。它气得正要扑向说话无礼的那只海豹，却见两个人从沙丘后走了出来，黑黑的头发，扁平的红脸膛。它以前从来没有见过人类，此时低叫一声，埋下了头。小雄海豹们跳开几步，卧在那里傻傻地观望着。来者不是别人，正是该岛海豹猎手的头目科里克·布特林和他的儿子帕特拉蒙。他们所住的小村庄距离海豹的这片栖息地不足半英里远。他们来挑选海豹，要赶到屠宰栏去——赶海豹就像赶羊一般容易。剥下海豹皮，可以制成衣服穿。

"哈！"帕特拉蒙叫了一声，"快看，有一只白海豹！"

科里克·布特林那张被油烟熏得发黑的脸（他是阿留申人，而这个族的人都有点脏脏的）见状吓得发白，急忙咕噜了一句祈祷词。

"别动它，帕特拉蒙。自打……自打出生以来，我从没听说过天下竟有白海豹。它大概是扎哈罗夫老头的魂。老人家是在去年的一场大风暴中死去的。"

---

[1] 合恩角：智利南部合恩岛上的陡峭岬角。合恩角洋面波涛汹涌，航行危险。终年强风不断，气候寒冷。

海浪破碎开去,化为一道道、一圈圈粼粼的波纹和漩涡。

"我才不走近它呢。"帕特拉蒙说,"它是不祥之物。你真的认为是扎哈罗夫老头的鬼魂回来了吗?我还欠他几个海鸥蛋呢。"

"你别用眼盯它。"科里克说,"你把那群四岁大的海豹赶走。按说,今天得剥二百张海豹皮呢。不过,捕海豹的季节刚开始,他们手生,一百张就行了。快点赶吧!"

帕特拉蒙走到一群小雄海豹面前,把一副海豹的肩胛骨摇得咔嗒咔嗒响。小雄海豹们一动不动,一个个口里呼哧呼哧喘着粗气。帕特拉蒙朝跟前靠,逼得它们开始移动了。它们被驱赶着向内陆走,没有一个企图逃回到同伴们那儿去。几十万只海豹眼睁睁看着它们被赶走,却依旧玩自己的游戏。只有柯提科对此提出了疑问,可没有一只海豹能说出个所以然来,只说每年有六个星期或两个月,都会见人类来把一些海豹赶走。

"我要跟上去看个究竟。"柯提科宣称。它跟随在那群被赶走的海豹后边，艰难地行进，都快把眼珠子累出来了。

"那只白海豹跟来啦！"帕特拉蒙惊叫道，"海豹独自主动地到屠宰栏去，这还是第一次见。"

"嘘！不要回头看！"科里克说，"那是扎哈罗夫的鬼魂！此事得跟祭司说说。"

到屠宰栏只有半英里的路程，却要走一个小时，因为科里克很清楚，海豹走得太快，就会通体发热，到了剥皮的时候，它们的皮就会裂开，成一片一片的。他们慢慢地挪动着，走过"海狮岬"，走过韦伯斯特家的房屋，来到了咸盐库房——这是一处滩头上的海豹刚好看不到的地方。柯提科跟随而至，气喘吁吁，满腹的疑团。它觉得自己抵达了天涯海角，可滩头上海豹的吼叫声仍清晰可闻，呜呜的震天响，跟火车在隧道里响起的汽笛声一样。只见科里克一屁股坐在了青苔上，掏出一块沉甸甸的锡制怀表，等着海豹降体温——降体温需半个小时的时间。雾气在他的帽檐上形成了水，柯提科可以听见那水一滴一滴朝下滴的声音。有十一二个男子走了过来。科里克用手指了指其中的两只海豹——一只被同伴们咬伤了，而另一只体温太高。男子们抬起腿，用海象颈皮制成的沉重的靴子将它们踢到一旁。这时科里克说道："干活吧！"男子们抡起大棒就是一气乱揍，一棒一棒打在海豹们的头上。

十分钟后，柯提科的朋友们已面目全非，让它再也认不出来了。一张张海豹皮被从鼻子处一直到后鳍整个剥下来，随手扔在地上，堆成了小山。柯提科再也看不下去了，转身就跑（海豹在短时间内可以疾跑如飞），急匆匆奔回海岸边。由于惊恐过度，它嘴上那刚刚长出的小胡须都竖了起来。到了"海狮岬"，见有一些体积庞大的海狮卧在海浪翻滚的岸边，柯提科双鳍抱头，一下便跳进了凉丝丝的海水里，一边随着海水一晃一晃的,一边可怜巴巴地大口喘着气。

"有何贵干?"一只海狮粗声粗气地问。一般来说,海狮不愿受到外界的打扰。

"就剩我一个了!就剩我一个了!"柯提科连声说,"他们要把海滩上所有的小雄海豹都赶尽杀绝!"

海狮把头转向内陆看了看。"胡说八道!"它说,"你的朋友们吵吵闹闹太不像话。你一定也看到了,科里克只是在为海豹群精简数量。三十年来,他一直都是这么做的。"

"太可怕了!"柯提科说。一个浪头打来,它反向扇动双鳍,倒划几下水稳住身子,被浪冲向岸边,到了一处距离锯齿状的海狮岩仅有三英寸远的地方。

"一只一岁大的小海豹,游得这么好!"海狮极为欣赏高超的游泳术,不由赞了一句,"从你们的角度看待问题,也可能是非常可怕的。你们海豹年年都到这儿来,人类当然心里非常清楚。除非你能找到一个人类去不了的海岛栖身,否则永远逃脱不掉被赶杀的命运。"

"有没有这样的岛屿呢?"柯提科问。

"我四处跟踪大比目鱼,已达二十年之久,但找到了这样的岛屿的话我是不敢说的。不过,话又说回来……你好像喜欢跟长者交谈。建议你去海象岛跟海巫谈谈,它可能知道些情况。不要急着去,你得游六英里的路呢。我要是你,就先找个地方睡上一小觉,小家伙。"

柯提科觉得这条建议很好,于是游回自己的那片海岸,找块地方睡了半个小时——睡觉时像所有的海豹一样把身子缩成一团。醒来后,它出发直地向海象岛游去。那是一个低矮的小岛,乱石林立,差不多就在诺瓦斯托斯纳的东北方。这儿是海象的栖息地,满目峭壁、危岩和海鸥巢。

柯提科靠岸走近老海巫。所谓的海巫其实是一只北太平洋的海象，体型硕大，面相丑陋，身体臃肿，毛皮疙里疙瘩，脖子肥不拉几，獠牙呲得长长的。除过是在睡觉的时候还像点样，平时它待人极为不礼貌。而此时它正酣睡不醒，后鳍一半浸在水中，一半在陆地上。

"快醒醒！"海鸥的叫声太大，柯提科提高嗓门喊道。

"呼噜！啊！唉！怎么回事？"海巫问道，一边把獠牙一摆，戳醒了身旁的一只海象，而那只海象再弄醒自己旁边的海象。最后，所有的海象都醒了过来，东张西望起来，就是不看眼前的东西。

"喂！我在这儿！"柯提科在水里摇动着身子说道。它小小的个头，样子活像一只白色的鼻涕虫。

"哈！搅得我睡不好觉，还不如剥了我的皮呢！"海巫气得说了一句。

众海象盯住柯提科看，那情景就像是在一个老年人俱乐部里，一屋子浑浑噩噩的人在打量一个小男童。柯提科不愿听它们说什么剥皮不剥皮的，剥皮的场面它已经看够了。于是大声叫道："有没有人类去不了的地方，让海豹栖身？"

"你自己找去呀！"海巫说着闭上了眼睛，"滚开吧。我们正忙着呢。"

柯提科腾地跳起在空中，姿势像海豚一样，可着嗓门喊道："只配吃蛤蚌的家伙！只配吃蛤蚌的家伙！"据他所知，海巫装腔作势，外表狰狞，其实一辈子连条鱼都没有抓住过，仅仅靠挖蛤蚌和捡海草果腹。那些各种各样的海鸥及海雀平时只想寻事，只苦于找不到机会，此时跟着吆喝了起来——有老有少，有雌有雄（这是利摩辛告诉我的）。震耳的喊声在海象岛持续了近五分钟，此时有炮声响你恐怕也听不到。岛上所有的居民都在吆喝、尖叫："只配吃蛤蚌的家伙！老东西！"海巫被气得满地打滚，哼哼唧唧地呻吟不止。

"这下你该告诉我了吧？"柯提科喘息未定地问。

"你去找海牛问问。"海巫说，"要是它还活着，一定能给你提供些情况。"

"即便路上碰见海牛，我也不认识呀！"柯提科说完转身去了。

"大海里，海牛是唯一比海巫更难看的家伙。"一只海鸥飞过来在海巫的鼻子底下绕了一圈，尖声喊道，"它比海巫更丑、更无礼！也是一个老家伙！"

柯提科返程游回诺瓦斯托斯纳，身后留下一片海鸥的尖叫声。它打算为海豹寻找一个宁静栖息地的计划，没有得到任何一个海豹的共鸣。大家都说，人类驱赶走小雄海豹的现象由来已久，已经司空见惯了，如果柯提科不愿看到丑恶的事情，就不该到屠宰栏去。之前，还没有一只海豹看到过大屠杀的场面呢。就为这一点，柯提科和朋友们有了分歧。柯提科还有一点也与大家不一样——它是一只白海豹。

"你必须做的一点是快快长大，"老海豹凯奇听完儿子的历险经历之后，对儿子说道，"像你的爸爸一样成为一只大个头海豹，在海滩上有自己的栖息地。那时，谁都把你咋样不了了。再有五年的时间，你就能为自己的生存作战了。"就连温柔的海豹妈妈玛特卡也奉劝道："大屠杀的事情你是绝对阻止不了的。去吧，到海水里玩去吧，柯提科。"柯提科顺从地走了，但在跳"火焰舞"时，小小的心里像灌了铅般沉重。

这年秋天，它瞅了个空就离开了海滩，独自一人踏上了旅途，因为它头脑倔强，对以前的想法念念不忘。如果大海里果真有"海牛"，就一定要找到它，一定要找到一座人类去不了的宁静的岛屿供海豹们休养生息——一座有着坚实优良海滩的岛屿！就这样，他找啊找，从北太

让歌声掠过白沫飞溅的海面远行。

平洋找到南太平洋,马不停蹄地找,一昼夜游三百英里的路程,历经艰险,其惊其险用语言难以描述。它九死一生,差点成为姥鲨、斑纹鲨以及双髻鲨的美餐。途中遇到的坏蛋可谓形形色色,那些坏蛋在大海里东游西荡的,一看就知道靠不住。它还遇到过身体笨重但很懂礼貌的鱼,也遇到过颜色鲜红、带着斑点的扇贝——那些扇贝固守一处,一待就是几百年,并以此颇为自豪。然而,它千寻万寻却寻不见海牛,千找万找却找不到自己看得上眼的岛屿。

有的岛屿虽有坚实优良的海滩,还有供海豹嬉戏的沙坡,但远处可见捕鲸船在熬鲸鱼脂,冒出滚滚的浓烟,柯提科知道以后会有什么样的下场。有的岛屿倒是有海豹去过,可是发生过屠杀海豹的事情——柯提科知道人类来过一次,还会来第二次。

一次,它跟一只尾巴短而粗的老信天翁攀谈起来,对方告诉它说科古兰岛正是它要找的地方,环境安全和宁静。它听后就去了科古兰岛,却碰上了一场雨雪交加的风暴,天空电闪雷鸣,它差点没一头撞在黑乎乎的险峻峭壁上撞个粉身碎骨。待它顶风游出险境，方才发现就连这种地方也曾经一度是海豹的栖息地。它去过的其他的岛屿，情况莫不如此。

利摩辛在罗列那些岛屿时，举出了一长串名称。它说柯提科为了寻找归宿地，用去了五个春秋，每年回诺瓦斯托斯纳休息四个月。小雄海豹们喜欢取笑柯提科，拿它臆想出的归宿岛开玩笑。在寻找的途中，柯提科去过大龟群岛——赤道线上的一个气候干燥的可怕地方，在那儿差点没被太阳晒死。它还去过乔治亚群岛、奥克尼群岛、爱莫洛德岛、小夜莺岛、古弗岛以及克罗赛特岛，甚至还去过好望角以南的一个芝麻大的小岛。所到之处，当地大海里的居民都在讲着同样的故事——那些岛屿曾有海豹的足迹，但它们已被人类赶尽杀绝。甚至当它离开太平洋远行数千英里，到了一个叫科连特斯角的地方（它从古弗岛回来就去了那地方），见到几百只浑身生疥癣的海豹卧在岩石上，它们说人类也来过。

柯提科的心都快要碎了。它绕过好望角返回诺瓦斯托斯纳海滩，北归途中登上一座树木郁郁葱葱的小岛，看见了一只年龄老迈、奄奄一息的海豹。柯提科为它捕鱼吃，把满肚子的苦水都倒给了它，最后说道："现在，我要返回诺瓦斯托斯纳去了。就是和别的海豹一起被赶去屠杀，我也不在乎了。"

老海豹说："再尝试一次吧。我是消失了的马萨岛栖息地最后一个幸存者。当几十万只海豹遭到人类大规模屠杀时，海滩上有一种传言，说总有一天一只来自北方的白海豹将会率领所有的海豹到一处宁静的地方去。我老了，活不到那一天了，但别的海豹将会盼到那一天。你再尝试一次吧。"

柯提科噘了噘嘴上的胡须（那是很漂亮的胡须），款款说道："海滩上出生的海豹，就我一个是白颜色的。而且，不管是白海豹还是黑海豹,只有我心存愿望,要去寻找新的岛屿栖息地。"

这一段遭遇大大鼓舞了它的信心。当年夏天回到诺瓦斯托斯纳后,妈妈玛特卡让它结婚,过安分的日子,因为它年龄不小,已长成了一只成年海豹,肩披白白的卷毛,身体又重又大,和它的父亲一样凶猛。它回答说:"再给我一年的时间。别忘了,妈妈,海滩上冲的最远的往往是第七排浪。"

说来也怪,有一只雌海豹跟它想法一样,也想把婚期推迟到来年。柯提科和这只雌海豹去卢卡侬海滩那儿跳了一夜"火焰舞",第二天便踏上了最后一次寻找归宿地的旅途。这次它是西行,原因是它跟踪上了一大群比目鱼——为了保持良好的状态,它每天得吃一百磅鱼。一天追累了,它蜷起身子在科珀岛地隆的凹处睡觉休息。这道海岸线它了如指掌,半夜时分觉得自己轻轻碰在了一处海草床上,便自言自语道:"喔,今天夜里的潮水可真不小呦。"它在水下翻个身子,慢慢睁开一双睡眼,伸了个懒腰,随后像猫一样跳了起来,因为它看到一些庞然大物在浅水区里嗅来嗅去,大吃大嚼那茂盛的海草。

"凭着麦哲伦海峡的大浪起誓!"它噘了噘胡须,失声叫了起来,"这些深海动物是何方神圣?"

这些家伙,柯提科从来都没有见过,既不像海象、海狮、海豹,又不像熊、鲸鱼、鲨鱼、鱿鱼或其他的鱼,也不像扇贝。它们身长在二十到三十英尺之间,没有后鳍,铲形的尾巴就像是用湿皮革剪出来的。它们的脑袋傻里傻气,恐怕是天下最可笑的脑袋了吧。在深水里吃草时,它们尾巴着地以保持平衡;它们常把身子一躬一躬地相互鞠躬致敬,摆动着前鳍——那模样就像是脑满肠肥的绅士挥动手臂。

"你们好!"柯提科打了个招呼,"大家都好吗?"

那些庞然大物又是弯腰鞠躬,又是像蛙人那样摆摆前鳍,算是回答了，接着便继续吃它们的草。柯提科看到它们的上嘴唇裂成两半，分开来中间能有一英尺宽——这个裂口一次可以塞进一大堆海草。只见那些庞然大物不断把食物填入口里，大嚼大咽。

"这样吃东西可不雅观！"柯提科说道。而那些庞然大物又鞠了鞠躬。柯提科开始不耐烦了，于是说道："好呀！就算你们前鳍多了个关节，身体柔韧，也没必要如此炫耀。我看得到你们鞠躬姿势优美，可我想知道的是你们的大名！"庞然大物们的豁嘴唇动了动，抽搐了几下，呆滞的绿眼睛瞪得圆圆的，却一句话也没说。

"有你们的！"柯提科说，"我所见过的动物，数你们比海巫长得丑，也比它更不懂礼貌。"

就在这时，它突然想起了自己一岁大时到海象岛去，一只海鸥冲它喊的话。它乐得在水里把身子朝后一仰。它知道自己终于把海牛找到了。

海牛不紧不慢地吃海草，嚼啊咽啊。柯提科跟它们搭讪，把在旅途中学到的语言都用尽了（海里的居民跟人类一样有多种语言），而海牛一句话也不答——它们压根就不会说话！原来脖子上应该有七根骨头，而海牛却只有六根。据海底的居民说，正是这一点使得它们甚至不能和自己的同类交谈。不过，得益于前鳍多了个关节，它们能够上下左右自如挥动前鳍，以此充作笨拙的电码跟彼此沟通了。

天亮时，柯提科的毛直立，一肚子的火气却跑到了爪哇国去了。海牛开始磨磨蹭蹭地北行，时不时要停下来举行它们那极为荒唐的"鞠躬"大会。柯提科跟在后边，心里在嘀咕："这些白痴，要是没有一座安全的岛屿栖身，恐怕早就被杀光了。海牛的安全栖身处，也是海豹的安全栖身处。我现在只希望它们把速度加快些。"

这一路真让柯提科感到身心疲倦。海牛群一天走不了四五十英里，夜间还要停下来进食，一时一刻都不远离海岸线。急得柯提科跑前跑后，但再怎么催，也无法使海牛群多行半步路。再往北行，海牛们每隔几个小时就要举行一次"鞠躬"大会，急得柯提科差点没把自己的胡子拔下来。后来，它发现海牛顺着一股暖流前行，心中对它们顿生敬意。

一天夜里，它们沉下闪着亮光的水面，像石头一样向下沉，接着便开始游。自从结识了海牛群，柯提科还是第一次见它们游得这么快，速度快得惊人。它做梦也想不到海牛会成为游泳高手。它们向岸边的一道悬崖游去——那悬崖深深没入水中；然后，海牛群钻进了悬崖脚前一个黑咕隆咚的洞，那儿离水面的深度有二十英寻。游啊游，游了很长的路，柯提科跟着海牛穿行在黑黢黢的隧道里，憋得气闷，真想马上呼吸一口新鲜空气。

"终于到了！"抵达了隧道的顶端，浮出水面时，它叫了一声，一边大口大口喘着粗气。"这段路可真长啊！不过，这是值得的！"

海牛群一字散开，在海滩边懒洋洋地吃起了草——那可是柯提科所见过的最优良的海滩。此处有大片大片光溜溜的岩石，数英里望不到边，非常适合海豹栖息；岩石背后有硬硬的沙坡，可以当作游乐场；海豹们可以踩着海里的碎浪跳舞，可以在茂草上打滚，可以在沙丘上滑溜溜板。最为重要的是，柯提科感觉了一下这片水域（作为一个真正的海豹，这种感觉从不出错），断定人类从未来过此处。

它做的头一件事是摸清环境，确信此处有丰富的鱼类资源，然后沿海滩游去，数了数那些让人赏心悦目的低矮的沙岛——那些沙岛笼罩在氤氲的雾气里，半隐半现的。再朝北行，就是汪洋大海了，中间隔着一长溜暗礁和危岩阻住来船的航道，把它们挡在离海滩六英里之外的地方。于沙岛和大陆之间有一片深水直达陡峭的绝壁，而绝壁下的某处就是那个隧道口了。

青苔此起彼伏，沾着水滴——海雾打湿了一物一景！

"这仿佛是回到了诺瓦斯托斯纳，却比诺瓦斯托斯纳强上十倍。"柯提科自言自语道，"没想到海牛这么聪明。即便有人来，他们也无法跨过绝壁，而大海那边有船来，则会被暗礁危岩撞个粉身碎骨。如果说大海上有平安的乐土，这儿就是。"

此时它惦念起了留在故土的乡亲们，不由归心似箭，急于返回诺瓦斯托斯纳去。不过，它还是把这块新地方彻底巡查了一圈，以便回去后好回答乡亲们提出的疑问。

它潜入水下，找到隧道口，然后穿过隧道向南游去。除了海牛和它，恐怕谁也想不到竟会有这么一个地方！回头望望身后的那些悬崖绝壁，就连它自己也不敢相信它刚刚就是从那绝壁底下钻过来的。

返乡途中它游得并不慢，但还是用去了六天的时间。从"海狮岬"登岸，它最先看到的是那只一直在等待它的雌海豹。从它的眼神，雌海豹便知道它终于找到了归宿岛屿。

可当它把自己的发现告诉给小雄海豹们、父亲凯奇以及其他的海豹时，引来的却是嘲笑。一只跟它年龄相仿的年轻海豹说："这话听起来都很好，柯提科，可你总不能从一个没有任何人知道的地方跑回来，命令大家跟你迁徙吧。别忘了，我们一直在为栖息地浴血奋战，而你却不闻不问，倒是喜欢周游四海。"

其他海豹听了哄堂大笑。说这话的年轻海豹得意洋洋，摇头晃脑的。它这一年刚结婚，意在借此炫耀炫耀。

"没有什么栖息地需要我浴血奋战，"柯提科说，"我只想告诉大家有一个地方可以过太平日子。咱们之间争斗是毫无意义的。"

"嗬，假如你愿意当缩头乌龟，我就无话可说了。"那只年轻海豹阴阳怪气地笑笑说。

"如果我打赢你，你肯跟我走吗？"柯提科问。它眼里闪出一道愤怒的绿光，它为不得不跟同类打架感到极为恼火。

"一言为定。"那只年轻的海豹漫不经意地说，"你赢了，我就随你走。"

话说出口，要收回去已来不及了。只见柯提科冲上前，把牙齿咬在年轻海豹肥肥的脖子上，然后一蹲身子，将对手掀翻在海滩上，又是晃又是摇，把它打了个屁滚尿流。随后，柯提科冲着海豹群咆哮道："这五年来，我为你们耗尽了心血，总算找到了一座岛屿让你们过平安的日子。你们这些蠢蛋，不把你们的脑袋揪下来，你们就是不相信。看我好好教训一下你们。接招吧！"

利摩辛每年都可看到成千上万只海豹厮杀成一团，但它对我说它一辈子都没有见过柯提科那样的厮杀，没见过柯提科那样的冲锋。柯提科专拣个头最大的海豹揍，用巨牙卡住对方的脖子，让对方透不过气，又是顶又是撞，直到对方求饶为止。柯提科把败者甩到一边，又去攻击另一只海豹。按说，成年海豹每年要戒食四个月，而柯提科从不让肚子空着，再加上在深海的旅行得到锻炼，身体状况极佳。最为重要的是它以前从未参加过争斗，此时一招制胜。但见它气得卷曲的白毛倒竖，眼里怒火燃烧，一嘴獠牙寒光闪闪，一副威风凛凛的样子。它如入无人之境，把那些毛色灰白的老海豹甩来甩去，就像对付大比目鱼一样，打得那些年轻的海豹七滚八落。它的父亲老凯奇见了大叫一声，喝彩道："我儿子也许不聪明，然而却是海滩上最优秀的战士！儿啊，可别冲着你老爹来！你老爹跟你在一起！"

柯提科大吼一声作为回应。老凯奇吹胡子瞪眼，一摇一摆走进决斗圈，呼哧呼哧喘着粗气，就像是火车头发出的那种声音。玛特卡和那只打算嫁给柯提科的雌海豹躲在一旁欣赏自己的男人战斗。那真是一场惊心动魄的战斗，父子俩联手作战，打得别的海豹头都不敢抬起来了。等到无人敢应战时，父子俩肩并肩在海滩上走来走去示威，气势威严，怒吼连天。

夜晚，北极光在浓雾中闪闪烁烁。柯提科爬上一块光秃秃的岩石，俯瞰着脚下零零散散的海豹窝和被打得浑身是血的海豹，高声说道："我已经让你们知道厉害了！"

"好样的，儿子！"老凯奇说。由于受了重伤，它站起来时动作很是僵硬。"你把它们打得好惨，鲸鱼杀手的能力也不过如此了。我为你感到骄傲，儿子。还有，如果真有你说的那种岛屿，老爹跟着你走。"

"听着，你们这些大肥猪。谁跟我到海牛隧道去？快回答，不然我还要给你们颜色瞧！"柯提科吼道。

海滩上响起一片嗡嗡嗡的声音，就像是海潮涌动时发出的声音。成千上万只海豹疲惫地应道："我们愿意走！我们跟柯提科走，跟白海豹走！"

柯提科垂下了高昂的头，自豪地微闭起眼睛。它已经不再是白海豹了，浑身上下被鲜血染成了红色。尽管如此，它却不屑去察看和照料身上的伤口。

一个星期之后，它率领着海豹大军（近一万只老老少少的海豹）出发北行，前往海牛隧道。留在诺瓦斯托斯纳没走的海豹把它们叫做白痴。可是第二年春天，留下没走的海豹跟柯提科的追随者相逢于太平洋沿岸的渔场，听那些追随者们说海牛隧道那一侧的新海滩是如何如何的好，便接二连三地离开了诺瓦斯托斯纳。当然，这种迁徙并非一蹴而就，因为海豹脑袋瓜并不聪明，对任何事情心里都掂量再三，要用上好长时间。但是，一年又一年，总有一批批的海豹离开诺瓦斯托斯纳、卢卡侬及其他栖息地，前往柯提科的那一片宁静、安全的海滩。柯提科每年夏天都待在岛上，个头一年比一年大，身体一年比一年肥胖和强壮。在它周围的海水里，小海豹们在嬉戏玩耍——那是一片没有人类干扰的水域。

卢卡侬之歌

这是一首大海之歌，有点像是一首悲壮的海豹国歌。圣·保罗岛的海豹返回夏日海滩时必唱此歌。

> 早晨与伙伴们重逢（唉，岁月催人老！），
> 夏日的海浪汹涌，冲上岩石咆哮作声；
> 卢卡侬海滩上，两百万只海豹声震天空，
> 一声声，淹没了排排碎浪的歌声。
> 咸水湖旁是惬意的居住环境；
> 呼哧哧喘着粗气，沙丘上冲下一队海豹兵；

夜里跳起"火焰舞",把大海映得通红——
这就是海豹猎手来前,卢卡侬海滩的情景!
早晨与伙伴们重逢(今生恐怕再难重逢!),
黑压压一片,前来的海豹们结队而行;
我们为登岸者欢呼,把来海滩的海豹欢迎,
让歌声掠过白沫飞溅的海面远行。

卢卡侬海滩啊,冬小麦长得茂盛;
青苔此起彼伏,沾着水滴——海雾打湿了一物一景!
游戏的平台被磨光,闪闪发亮;
啊,卢卡侬海滩,难忘生我养我的故乡情!

早晨与伙伴们重逢,七零八落,不成队形。
我们在陆地上挨棒击,遭枪杀于水中;
人类把我们驱赶到咸盐库房,像对待傻乎乎、驯顺的畜生!
卢卡侬啊,猎人们未来之前,我们还在把你歌颂!

快跑吧,快向南行,快呀,向南行!
把我们悲惨的遭遇讲给深海的总督听!
这儿将会冷冷清清,跟暴风吹上岸的鲨鱼蛋一样空,
卢卡侬海滩再也见不到它儿女们的身影!

恋情

【俄】伊凡·蒲宁

我心爱的女孩走了。还没等我敞开心扉表达我的爱意,她便走了。我年仅二十二岁,涉世不深,她的离去让我觉得异常孤独,仿佛这个世界上只剩下了我一个人。那是在八月底,我所居住的那座小城闷热难忍,连一丝风也没有。周六,我从箍桶铺下班后走出来,见街头空荡荡的,几乎一个人影也没有。我不想回住所,于是信步向郊外走去。街道两旁犹太人开的店铺以及一排排老式的货摊都已经打烊,教堂在鸣钟召唤人们去做晚祈祷;空气热烘烘的,一幢幢房屋把长长的阴影投在地上。热浪滚滚,叫人透不过气来。我心里感到忧伤,那是一种难以名状的忧伤,可周围的一切却跟我的内心世界完全不同——那果园、草地、瓜田,甚至连空气在内,无不洋溢着幸福和欢乐。

广场上有个漂亮的大个头的霍霍尔女子站在自来水龙头旁,身穿一件雪白的绣花衬衫和一条紧紧箍在身上的黑筒裙,亭亭玉立,真像维纳斯一般花容月貌。这位霍霍尔的维纳斯脸色被太阳晒得微黑,双眸呈深褐色,表情欢快,额头开阔饱满——这样的额头恐怕只有霍霍尔女子或波兰女子才会具有。她将两只桶接满了水,用扁担挑在肩上,径直朝我走了过来。她身材美丽匀称,虽然肩上挑着沉重的水桶,脚步却轻松自如,身子一摆一摆,鞋儿踏在人行道上发出踢踏踢踏悦耳的声音……时至今日,我仍记得当时的情景——我彬彬有礼地闪身至一旁给她让路,然后久久目送她那婀娜的身影!沿着大街走,经过广场和山脚,可以抵达波多尔低地。一眼望去,可以看到嫩绿色的大河谷、牧场、森林和金黄色的沙滩……

一刹那间,我喜欢上了这座小城,产生了一种前所未有的留恋之情,真渴望永远地在这儿生活下去,跟大家聊聊天,学学箍桶的手艺。站在广场上沉思了一会儿之后,我决定去郊外的那两位托尔斯泰主义者家里坐坐,于是举步向波多尔低地走去。路上碰见许多马车从身边疾驰而过,马车上坐着刚刚乘火车从克里米亚来的旅客。还有那一辆辆载货马车,车上散发出化学品、香草醛和蒲席的气味。不知怎么,那乱糟糟的情景(马车、旅客、飞扬的尘土和嘈杂的喧闹声)又让我的心中生出了忧伤。郊外净是果园,我穿行在各果园之间,走了很久。郊区的居民多为工匠和市民,他们喜欢在夏日的夜晚聚集在河谷里唱歌跳舞——他们用唱赞美诗的曲调高唱忧伤动听的哥萨克歌曲。不过,这当儿他们都在麦场上忙活呢。沿着一条土坯房胡同,我走到了河谷跟前。河谷里边闷热得很,简直和城里一样热。我急忙抽身向山上走,那儿有开阔的台地。

台地宁静、开阔。远远近近到处都是金黄色的麦茬,高高地戳在那儿,密密麻麻的。宽阔的道路非常长,似乎没有尽头,上面盖着厚厚的浮尘,踩上去软绵绵的,像是脚上穿了双丝绒鞋。所有的一切——麦茬、道路和空气,都在夕阳中闪着亮光。一个脸庞黝黑的霍霍尔老头走了过来。他脚蹬笨重的靴子,头戴羊皮帽,身穿黑色厚长袍,手里拄了根拐杖——那拐杖在阳光下亮光闪闪,像是根玻璃棒。在麦茬地里飞来飞去的白嘴鸦的翅膀,也发出耀眼的光芒。我拉下帽檐,想遮挡住那亮光和热浪。在很远很远的地方,几乎是在天边,可以望见两头牛在慢慢吞吞地拉着一辆大车,还可以望见瓜田和看瓜人的窝棚……啊,眼前的这一片宁静辽阔的田野真是叫人心旷神怡呀!不过,令我魂牵梦绕的却是河谷后边的那个地方——我心爱的女孩是在那儿离开了我的身旁……

离开大路半俄里,在俯临河谷的山岗上有一幢红瓦房,那儿是季姆琴科家族巴维尔和维克托尔两兄弟的小农庄,他们都是托尔斯泰主义者。我踩着扎脚的麦茬向他们家走去。农舍附近见不到一个人影。来到房屋的窗户跟前,我朝着屋里张望,只见那儿落满了苍蝇——玻璃窗上、天花板上、瓦罐上全都是苍蝇。农舍旁边是一排牲口棚,那儿也没有人。农庄的栅栏门敞开着,满院子晒的都是牲口粪……

"你这是到哪儿去呀?"突然,有个女人的声音喊住了我。

我转过头去,看见季姆琴科家的大儿媳妇正坐在瓜田的田埂上。于是我走了过去。她跟我握了手,却没有站起身来。我傍着她坐了下来。

"最近还好吧?"我一边问候一边盯着她的脸瞧。

她垂下眼睑,把目光落在自己的脚上。她身材娇小,脸色被太阳照得黑黑的,穿着一件脏脏的上衣,直筒裙颜色发旧。看她的样子和表情，就像是一个被大人派来看守瓜田的小姑娘，无可奈何地要在烈日下熬时光。尤其是她的脸蛋，长的就跟天真烂漫的少女一样，但我看不惯她的衣饰，看不惯她光着脚在麦茬地里走动。她的那双脚虽然小巧漂亮，却脏脏的，脚趾甲有些破损，连她自己都不好意思了，急忙把脚缩了回去。

"我丈夫到河谷那边打麦去了。巴甫洛夫斯基当逃兵，被抓了起来。你还记得巴甫洛夫斯基吧？"

"记得。"我心不在焉地支吾道。

一下子，我们俩都沉默了下来，目光久久地盯着淡蓝色的河谷、森林和沙滩，时不时瞥一眼远方。在烈日的烤炙下，瓜藤都发了黄，像蛇一样紧紧缠绕在一起，藤上结的圆滚滚、沉甸甸的西瓜也被太阳晒得发烫。

"你为什么不说心里话？"我启口说道，"你明明是爱我的！"

她哆嗦了一下，闭上了眼睛，然后把披散在脸前的秀发拨开，露出几丝淡淡的微笑说："给我支烟！"

我为她点了支烟。她吸了两大口，呛得咳嗽了起来，于是将烟扔掉，默默地想起了心事……

我们俩在那儿坐了许久，都心事重重的，话语不多。

日落时，我离开小农庄，来到两俄里远的一处紧傍河谷的地方坐下来，任泪水哗哗地流淌。透过泪水，我仿佛看到了一个秀丽的身影——她天姿国色、小巧玲珑，既像是离我而去的那个叫我心动不已的女孩，又像是瓜田里的那位令我难以忘怀的少妇……

影子

【波兰】普鲁斯

火一样的阳光渐渐隐退,地面的薄暮渐渐加浓。薄暮——那是黑夜大军的先头部队。这支凶猛的黑夜大军自开天辟地以来,就在跟白昼进行着殊死搏斗,总是朝败暮胜;这只大军在从日落到日出这段时间是宇宙的主宰,一到白天就全线崩溃,躲在隐蔽的地方窥视着。

它躲在深山峡谷里、城市地窖里、密林深处以及江河湖泊的底部;它躲在原始的地下岩洞里、矿井和壕沟里,以及屋角墙窟里。它悄然无声地弥漫开,四处扩散,寄身于各个阴暗的角落,充满了一切漆黑的空间。它潜伏在树皮的裂缝里、衣裙的皱褶间,藏在极细的沙粒下,缩在极薄的蜘蛛网里,时刻准备反击。虽然可以把它从一个地方赶走，那也只是暂时的现象，它早晚会重整旗鼓、卷土重来，再次夺回失去的阵地，直至吞没整个世界。

金乌西坠时，黑夜大军的先头部队——薄暮便蠢蠢欲动，小心翼翼地从隐身之地一队队开出来，布满房屋、走廊、门厅以及光线暗淡的楼梯；它们从橱柜和椅子背后溜出来，涌入房子中央，将帷幔团团围住；它们从窗口冲向大街，不声不响地袭击墙壁和屋顶，占领制高点，在那里耐心地等待满天的云彩进入黑色的纱帐。

过了一会儿，黑暗突然发动了全面进攻，从天上到地上处处可见其推进的身影。野兽躲进洞穴，人类纷纷回到自己的住房里。整个世界就像缺乏生命力的草木，枯萎凋零，奄奄一息。景物的色彩以及物体的轮廓，全都被黑暗所掩盖，什么也看不见了。

这时，华沙空旷的街道上出现了一个奇怪的人影，手里拿着小小的火种。他好像专为驱赶黑暗而来，沿着人行道飞速行走，把路灯一盏一盏点亮，留下一片欢快的灯火，随后就倏然隐去了踪迹。

日复一日，年复一年，无论是百花盛开的阳春、雷雨交加的炎夏，还是狂风呼啸的深秋，亦或是白雪皑皑的严冬，只要暮色降临人间，他就会沿街疾走，点起万盏灯火，而后一闪便不见了身影。

你到底从哪里来？你为什么要隐去行迹，让人看不到你的面容，听不见你的声音？你有妻子老母吗？她们是否盼着你归家？你有儿女吗？他们是否会等你回到家后，就爬上你的膝盖，搂住你的脖子亲热？你有没有朋友？

你总该有一个栖身之处吧？你总该有个名字吧？难道你真的是一个幽灵，从朦胧中走来，点亮灯火之后就不见了踪影？

有人对我说有这么一个点灯人，并把他住的地方告诉了我。我找到那儿，见一个人在扫院子，便启口问道："有一个点灯人住在这儿吗？"

"有，就是那间小屋。"

小屋的房门是锁着的。我从窗口朝里望，见墙边放着一张小床，床跟前有一盏挑在长杆子上的小灯笼（即火种）。点灯人不在家。

"他长得是个什么样子？"

"谁知道他是个什么模样！"扫院人耸了耸肩说，"他来无影去无踪，似乎很少在家里待。"

半年后我又一次去看望点灯人。

"这一次，点灯人在家吗？"

"他死了，昨天下的葬。"那个扫院人长叹一声说道。

我打听清楚了墓地之后，就向那儿赶。

"我想问问，昨天下葬的一个点灯人，他的坟在哪儿？"我问守墓人道。

"点灯人？"守墓人说，"谁知道他埋在哪块地里！昨天一共来了三十几个'死鬼'呢。"

"他八成是埋在穷人的墓地。"我说。

"穷人下葬的也有二十五个呢。"

"他肯定用的是白皮棺材。"

"就是用白皮棺材的死人，也有十六个！"

就这样，我最终也没有见到过点灯人的脸，也没弄清他的姓名，甚至连他埋在何处都不知道。他死后给人留下的印象和他生前留下的印象是一样的——无声无息、无踪无影，一个影子般的人物。

在茫茫的大千世界里，在我们漫漫的人生旅途上，经常可以看到"点灯人"这样的人，他们用自己的生命点亮了一盏盏的灯，燃起一片光明。尽管没有人能真正了解他们，能了解他们的价值，他们依然默默生活着、劳动着，最后像影子一样从世间消失。

奶奶

【美】布莱德波利

  她是个勤劳的女人,手里拿着扫帚、抹布,总是忙个不停。她早晨哼着歌儿切馅饼皮,中午把烤好的馅饼端上餐桌,黄昏把全家吃剩下的饭菜收拾走。她收拾杯盘,叮叮当当像摇铃,似一阵风刮过屋子的每个角落,将东西摆放得整整齐齐。她只要拿着工具在花园里走一遭,那儿的花草便精神抖擞,大放异彩。夜晚睡觉,她安安静静,很少翻身,由于心里踏实而舒舒坦坦。天一亮,她便充满了精力,自己活得风光,让家里的每一个人活得滋润。

可是，现在怎么样呢？

"奶奶！祖奶奶！"家里人这么叫她。

她的一生就像是一个庞大的数学算式，总算快要到底数了。她填满过火鸡、土鸡和鸽子的肚子，也填满过家里大人和小孩的肚子。她擦洗过天花板、墙壁、病人和孩子，为房子铺过油毡，修理过自行车，上过钟表发条，烧过炉子，给数也数不清的伤口上涂过碘酒。她的两只手忙忙碌碌，这儿整一整，那儿弄一弄——把垒球和球棒放回原位，往黑色的土地里撒种子，给馅饼包皮，给红烧肉浇汁，给熟睡的孩子盖被子，千万次地拉下百叶窗、吹熄蜡烛、关上电灯……干着干着，她变老了。回顾她干过的亿万件工作，归纳在一起，最后将一个小数添进去，再添上一个零……

她不再忙碌了。她绕着房子走了几圈，察看了每一样东西，末了走到楼梯口，一声不响回到她的卧室，躺下来，挺直身子，准备死去。

"奶奶！祖奶奶！"有人在叫她。

她要死了！这消息从楼梯传下来，像波浪一样，波及到了每一个房间，随后冲出家门，冲到了榆树掩映的街道上，冲到了郁郁葱葱的峡谷口。

一家人围在了她的床边。

"让我好好躺躺。"她轻声说。

你就是用什么样的仪器也查不出她有病。那是一种轻微但不断加重的疲倦感……疲倦啊，疲倦极了！

她的孩子们以及孩子的孩子们觉得她的情况并不危急，不是什么严重的事情，没必要恐慌。

"祖奶奶，你这是在过一道坎，闯过去就好了。这个家没有你可是不行的。最起码，你得给我们一年的时间在心理上有个准备呀。"

九十岁的奶奶睁开了一只眼睛,静静地望着她的医生。

"汤姆呢?"

汤姆被送到了她的床边。

第二个被叫过来的是道格拉斯。

奶奶用低微的声音叮咛着。

道格拉斯嘤嘤哭了起来。

奶奶鼓起了力气说:"你哭什么呢?"

"我哭,是因为你明天就不在了。"

奶奶把一面小镜子转向孩子,在镜子里看了看孩子的脸,又看看她自己的脸。她说:"我要在明天早晨七点钟起床,和查理·伍德曼一块儿到教堂去;我要到公园里去野餐;我要去游泳;我要光着脚片跑步;我要嚼薄荷口香糖……道格拉斯,道格拉斯,你真丢脸!你剪手指甲了吗?"

……

全家人都来齐了,在屋子里等待着,像是在火车站给旅客送行。

"明天就不要举行什么告别仪式了,也不要为我说什么动听的话。我心满意足了。该吃的东西我都吃了,该跳的舞我也跳了……不要为我难过。现在,你们都走吧,我要去追寻我的梦了……"

结婚之后

【巴基斯坦】肖格特

步入婚姻的殿堂不久,一个问题就在我的大脑里萦回:"结婚是件明智的事情,还是愚蠢之举?"如果说是件明智的事情吧,那我为什么老觉得自己干了件蠢事呢?若说是愚蠢之举,难道全世界的人都愚蠢吗?对于这个问题,应该在结婚之前就考虑清楚的。不过,真正思考这个问题的人,基本都是在结婚之后,否则世界上就没有婚姻可言了。至此,还有一个问题需要弄清:婚后考虑此事有什么益处?结论是:对结了婚的人而言没什么益处,但对全人类却可以提供经验,是很有好处的。我们这些结了婚的人就是参加实验的人员,总结出的经验教训提供给人类,晚辈们对我们心存感激之情才对。

说实在的,我们所有的人都应该感谢那位最早服毒、完成了死亡实验的人,因为他的实验使人类对毒药有了认识,知道了服毒会死人的。我们之所以结婚,是为了让未婚的人看到,人一旦结婚就会变成我们这个样子。

结婚是一个永恒的话题,也是一门完整的艺术。此处探讨的只是这片广袤沙漠里的一粒沙子、这个辽阔海洋里的一滴水——即妻子和妻子家里的亲戚。一旦接触到这个命题,深入其中,你就会为这粒沙子的广度、这滴水的深度感叹不已。一个丈夫和妻子的亲戚之间的关系,犹如一条蛇和一只耗子——蛇把耗子含在嘴里,倒是想吞进肚里,却吞不进去,也吐不出来。吐不出来,因为他们是妻子的亲戚,吞不下去则是因为他们不是自己的亲戚。对于自己的亲戚,做丈夫的可以吞进去,亦可以吐出来。心情好的时候,可以和自家的亲戚保持来往,心情不好就断绝来往,各过各的日子。但是和妻子家的亲戚交往,却有一条不成文的规定:不管你愿意不愿意,都得跟他们保持一定的关系。如果对方是长者,就得毕恭毕敬,像他们的后代一样表示孝心;如果对方是同辈人,就得态度得当,不卑不亢;若是对待晚辈,便不能太谦恭,而应该恰到好处。谁都知道,应付这种复杂的场面会让一个丈夫感到力不从心。他很可能会变得虚情假意、口是心非,即便不是伪君子,也可能会变成胆小鬼。如果妻子很可爱,就得跟她家的人保持友好的关系——那是很令人心力交瘁的。

妻子家的七大姑八大姨让你应接不暇。他们说的话、做的事十有八九会败坏你的心情。一天下班回家,看到全家人忙得不亦乐乎,厨房里准备了烤全鸡和抓饭等好吃的东西,原来是在摆宴席迎接岳父的表弟从南非归国。那"表弟"抽着水烟袋，嘴里嚼着槟榔，一副阔少爷的做派。我硬着头皮走上前去向他请安。

他说道："过来坐！见到你真高兴。这么晚才下班！"

"没办法，公务员就是这样。"

他洋洋得意地说："老实讲，公务员实质上就是奴隶。我们家都是经商的，来钱十分容易。我在南非早先开了家茶叶店，如今经营两个饭店，生意兴隆。就连你的岳父开个小铺，也能招财进宝。你的工资是多少？"

"八十五卢比。"

"这点钱还不如弄辆马车出租赚得多呢。"那位"表弟"不屑地说。

我用乞求的眼光看了看妻子，而她似乎跟那位南非大老板的观点一致。我满腹心事地陪他们吃饭，总算把那个"表弟"应付走了。

令人烦心的事接连不断。周围老有人向我这样抱怨："在别的地方，苹果型纽扣四安那一打，而你岳父的小铺却卖五安那。"他们如此夹枪带棒地说我岳父，我反正已经习惯了。但对于妻子家里的那些不速之客，我却十分头疼。尤其是那些侨居海外的亲戚最让人伤脑筋。他们会突然登门造访，摆一摆阔气，说一些让你丧气的话。这样的情况恐怕不仅是我一个人遇到，天下的女婿一定都有同感。妻子家亲戚多如繁星，而且越来越多，而丈夫家的亲戚就只好疏远，越减越少，为的是能够平平安安地过日子。否则，夫妻之间的大战在所难免。

她

【俄】伊凡·蒲宁

一

大家都没有说话,客厅里出现了片刻的静默。她站起身,瞧了我一眼,轻轻叹口气说:"我该走了!"

不知怎么,我的心头一颤,隐约预感到某种巨大的欢乐在降临—— 我和她最终会有一个令人满意的结局，成就那件好事。

整个晚上，我和她厮守在一起，悄语交谈；整个晚上，我都在盯着她那双迷人的眼睛，看见她眼波荡漾，散发出比以往任何时候都要强烈的温情。此刻她的一声"我该走了"，叫我感到欣喜，因为我听出她的真意是想让我陪她一道走。

"你也走吗？"她问我时，语气显得十分肯定，"哦，看来你要送我回去喽？"她边说，边朝我嫣然一笑。

她仪态万方，一举一动都典雅、文静。只见她轻巧地提起黑色的长裙，脸上绽开笑容，美如鲜花，明亮的眼睛秋波闪烁，一头秀发似瀑布一般，脖颈上的那条珍珠项链以及钻石耳坠闪着亮光。那表情、那举动，都羞涩、含蓄，显得就像一个初次坠入爱河的少女。大家见她要离去，纷纷跟她道别，并请她转达对她丈夫的问候。我在一旁怀着一颗忐忑的心等候着，生怕有人会提出跟我们一道走。

不过，我显然多虑了。没有人要随我们离去。我和她走到门口，房门打开，屋里射出去的光涌到了院子里。随后，房门又关上了。我激动得浑身哆嗦，但我努力控制着自己的情绪，飘然若仙地挽起她的胳膊，殷勤地扶她走下台阶。

"看得清路吗？"她那甜蜜的声音使我内心激情涌动。我按捺住冲动，搀扶着她踩着满地的落叶走过漆黑一片的院子，树丛在夜风的吹拂下发出的呜呜声在耳畔响成了一片。

栅栏门外停着一辆马车，马车灯发出耀眼的光芒。我借着灯光望了她一眼。她伸出娇小的手拉开栅栏门，快步走到马车跟前，坐了上去。我也跟着上了马车，傍着她坐下。

二

车上,我们俩久久没有说话。在这一个月的时间里,我们都在想那件好事,此时有了机会,反倒手足无措了。我鼓足勇气,把她的手放在我的嘴唇上,激动得难以自持,于是调转过头去,将目光投向街道的尽端。我问她冷不冷,她没有回答,只是笑了笑。我明白她心里是有顾虑的,于是握紧了她的手,而她感激地也将我的手握紧。

街心花园里的树木被风吹得哗啦哗啦响,十字路口的煤气灯在风中摇摇晃晃,就连商店的招牌也在摇摆,发出吱扭吱扭的响声。街上偶尔可以看见几个酒鬼在向酒馆走,他们的身影在灯光下飘忽不定。一转眼,酒鬼就被马车抛在了身后。马车辘辘,车轮下泥水飞溅。我望着她的侧影,而她靠在我身上,头发的香气扑鼻而来,令我心摇神驰。

马车拐到了一条空无一人、似乎长得没有尽头的宽马路上,两边是犹太人开的店铺和菜场。后来,马车又突然拐向另一条街道,车身猛地摇晃了一下,她的身子一斜,倒在了我的怀里。我把她紧紧抱住。有好一会儿,她眼睛盯着窗外,最后把脸调转过来对着我。在她的眼里,原来的那种顾虑不见了,只看得见几分羞涩。我情不自禁地把嘴印在了她的芳唇上……

三

道路两旁的电线杆在夜色里飞速向后闪去,最终一个个不见了踪影。天空黑茫茫,大地也黑黢黢,天地连成了一片。四周到处是茫茫的夜色和萧瑟的秋风。我回头望去,城市的灯火消失在了远方,整个世界好像沉入了漆黑的汪洋大海之中。

"这是到哪儿去?"她问道,听得出她的声音在发抖。我俯下身望着她,见她双眸闪闪发光,里面有一种幸福的神情。风在苞谷地里呼呼地刮着,马车顶着风飞驰。我深深吸了口气。在黑暗中,我觉得自己胆子大了起来。在城里,这不过是一个普普通通的刮风的夜晚,可是在旷野里就另当别论了。在呼啸的风声里,传来了庄严、雄浑的喧嚣声。

"是大海的声音吧?"她问。

"是的。"我回答道。

马车辘辘前行,穿过海边的别墅群,穿过白杨林,直抵海边。当马车停下来时,我们沿着一条林荫坡路,登上了峭壁。

四

峭壁下涛声阵阵,辽阔、茫茫无际的大海透过黑暗向远方延展。高高的海浪向我们扑来,一跃而起,倾泻在岸上,溅出雪白的浪花。空气里弥漫着凉丝丝的水汽。

整个世界上似乎只剩下了我们俩。我吻着她的双唇,吻她的眼,吻她那被夜风吹得凉冰冰的脸蛋。当她在一块石头上坐下来时,我跪倒在她脚下,幸福得要发狂,热泪在眼眶里打转转。我把她的手套取下来,忘情地吻她的小手,吻她的手套,嗅着手套上那淡幽幽的女性的清香。

她的脸苍白,但罩上了一层幸福的色彩。只听她温柔、悄声低语地说道:"结婚之前,我对幸福抱着无限的憧憬,但婚后的生活却无聊乏味,产生不了任何喜悦感。今天夜晚,恐怕是我一生中最为幸福的一段时间了。在我看来,这一切仿佛都不是真的,也不像是罪恶的。过后,我也许会感到心惊肉跳,但现在我只感到幸福……我爱你!"

天空中乌云笼罩,云层之间闪烁着几颗亮晶晶的小星星。看来,天就要晴了。大海不再是茫茫一片,远方无涯的水和天际间出现了一道分界线。我不敢说她比我以前的女友强,但至少今晚她是无与伦比的。我亲吻她的裙边时,她含着泪水咯咯地笑了,搂住了我的头。我激情满怀地望着她。在淡淡的星光下,她的面容是那样美丽,在我的心头留下了永远也不会消失的痕迹。

父母双亡

【德】彼得·维斯

一想起自己的父母,心里就有一种复杂的情绪,有一种五味杂陈的感觉。这两个人是我一生中最重要的人物,可是我却说不清他们的性格特征。他们俩一前一后几乎是同时去世的。我跟他们之间有着太深的隔阂,好像形同陌路,不认识他们似的,所以并不感到悲哀。我感到悲哀的却是自己从前所失去的一切。我的童年时代和青年时代几乎是空白,这才让我悲哀。我感到悲哀的是:那个时候,全家人面和心不合,在一起凑凑合合生活了数十年。父母去世的时候,兄弟姊妹们聚集在他们的坟头前,匆匆一见,然后又匆匆分手,各奔前程去了——这也让我感到悲哀。记得母亲刚去世的时候，终生孜孜不倦地工作并广为人所称道的父亲振作起精神，想给人以从新开始的假象。他独身一人去了比利时，声称是为了业务上的事情，其实是要躲起来，像一只受伤的野兽那样在孤独中死去。他离家时已经老态龙钟，走路步履蹒跚，离不开拐杖。接到他在根特去世的消息后，我乘飞机去了布鲁塞尔，再从那儿前往根特。那是一条漫长的路，是一条父亲曾经走过的路。他曾经拖着两条因血脉不通而行动艰难的腿，爬上一级级楼梯，穿过一个个大厅和走廊，走了不知多少路才到了根特。我到根特是三月初，天空晴朗，阳光灿烂。我沿着铁路前行，往医院走去。父亲的遗体放在医院的小教堂里。小教堂的外形像个车库。一个护士为我把门打开。只见父亲躺在一个蒙着帆布的担架上，旁边放着一口以鲜花覆盖的棺材。他穿一身肥大的西装，脚上穿着黑袜子，双手叠放在胸前，怀里抱着母亲的遗照。他那消瘦的脸十分安详，几乎还没有变白的头发贴在前额上，表情里有一种我以前从未见过的高傲和果敢。那两只苍老的手，指甲泛着淡青色的光。我不由回想起了最后一次见到父亲的情景：埋葬完母亲之后，他躺在卧室的沙发上，身上盖着毯子，泪水模糊的脸发灰，嘴里不停地小声念叨着母亲的名字……我久久地伫立在父亲的遗体前，任凭凛冽的寒风吹拂着我那快要冻僵的身体，耳旁传来火车的汽笛声以及机车噗嗤噗嗤喷气的声音。面前这个人的生命之光已完全熄灭，他那旺盛的精力业已消失。这个人曾经出入过许多营业所和工厂，到许多地方旅游过，住过许多家旅馆。在这个人的一生中，他的妻子总是陪伴着他，给他生过许多孩子。可是，他很少跟孩子们进行交流和深谈。他对自己的孩子有着温存的爱，出差的时候倒是把他们的照片带在身边，夜晚住旅馆里就拿出来看看。每当看到孩子们的照片，他内心便产生一股暖流，深信一定能和孩子们沟通，但回到家，相互间却只有失望和隔膜。在他的一生中，曾做过不懈的努力以维持这个家庭，使它不至于崩溃。他和妻子建构了一份产业，而他却并未从中获取过幸福。如今，他躺在我面前，永远地安息了。他从未动摇过对这个家庭的信念，而今却孤零零一个人躺在远离家庭的一个医院里。也许，在他离开人世前那一瞬间，他感到的是凄凉和空虚。我默默地望着那张惨白的面孔，努力保留对他的记忆。他永远地离开了尘世，而他创建的一座大宅还矗立在远方，里面铺着地毯，摆满了家具、盆花和画作。那是一个他经过了多年流亡和磨难而建立起来的家，而今成了一个缺乏生气的地方。我和两个杂役把父亲的遗体放入棺材，用螺丝钉上紧盖子，装在一辆灵车上，踏上了前往墓地的路程。在通往布鲁塞尔的公路上，不时有工人和农民脱帽向灵车致意。这是父亲在一个陌生的国度做最后一次旅行了。墓地设在市郊的一块高地上，旁边就是火葬场。寒风飕飕地吹着，树木光秃秃的，更增加了寒意。父亲的棺材被抬进了礼拜堂的一间圆形大厅里。我站在一旁等待着。管风琴呜呜作响，奏出了《安魂曲》。突然，一扇小门打开，棺材沿着轨道被送进了一个四方形的空荡荡的房间里。随后，门关上了。两个小时后，我拿到了父亲的骨灰盒。接着，我抱着骨灰盒住进一家旅馆，第二天返回父母曾经住过的家中，和兄弟姐妹们商量了葬礼、遗嘱及遗产的分配等琐事。几天以后，我们的那个名存实亡的家终于不复存在了。

孤独的树

【保加利亚】埃林·彼林

一阵肆虐的狂风从天而降,把两粒种子从远处的森林里刮了来,随意将它们分撒在田野里。雨水将它们滋润,泥土将它们掩埋,阳光给它们以温暖。久而久之,它们长成了两棵树。

最初,它们十分矮小。然而,随着时间的推移,它们长高了,眼光看得远了。

它们彼此相望。

田野极为辽阔,直至那郁郁葱葱的平原的尽头,也看不到任何其他的树木——只有这两棵相距甚远的树形影相吊地伫立在田野间。

它们遥遥相望,彼此思念,彼此倾

慕。春天来临时，它们生机勃发，汁液在体内奔涌。在这种时刻，它们会产生出一种莫名的思念，那就是对森林故乡的思念。

它们会会心地摇动着枝叶，相互默默地打着手势。当一只小鸟像一种信念从这棵树飞到那棵树的时候，它们会高兴得浑身发抖。

狂风暴雨来临时，它们惶恐地东摇西摆，折断了树枝，呜呜地呻吟不停，仿佛想挣脱大地的束缚，飞到对方的身边，相互抚慰，相互支撑，在相互拥抱中获得解救。

夜晚降临，它们隐没在黑暗中，被分隔在相距很远的地方。它们痛苦不堪，如同病魔缠身，用乞求的目光仰望长空，期盼着阳光快快返回大地，以便它们能彼此守望。

有时，猎人或干农活的人坐在它们当中的一棵树荫下休息，另一棵就忧伤地喃喃自语，痛苦地诉说孤独的生活是多么叫它苦恼。离开亲人的日子过得多么缓慢、沉重和缺乏意义。两棵树的理想因为得不到理解而逐渐消失，它们的希望因无法实现而破灭。找不到慰藉的爱情强烈而痛苦，没有亲情的处境令人难以忍受。

破产的人

【美】厄普代克

他是个破产的人,可他还在跳舞、唱歌。也许,他还出入于其他娱乐场所。他进餐馆吃饭出手阔绰,给的小费很多。尽管如此,为什么还说他"破产"了呢?

那是他自己宣布"破产"了的。那天,他面色苍白地从城里回来,一副不耐烦的表情,满嘴的牢骚话,说他和律师说话,纠缠了好几个小时。他给自己斟了一杯酒,灌进了肚里。假如他破产了,以后喝酒的酒钱谁来付呢?

我们不好多问,因为"破产"是一种很奇妙的境遇,就像神学家所说的那样,是一种超越一切的境遇,解释不清,要追问反而显得庸俗。我们对此知之甚少,只知道他步入了"破产"的境遇,一种我们很陌生的境遇,一种与我们的境遇完全不同的境遇。

他在救济基金会举办的舞会上翩翩起舞,脚后跟踢得老高。聚光灯照在他身上,一会儿呈淡紫色,一会儿呈金黄色。他的妻子肩头裸露,典雅地挺着脖颈,头发金光闪闪,像一堆黄金丝盘在了一起。他既然破产了,妻子做头发的钱从何而来?她又是梳理又是卷烫,收拾得光彩照人!看着这对翩翩起舞的夫妇,我们有一肚子的疑问,却不敢问出口。

这位破产的人买了一辆摩托车,打算骑着摩托车去圣巴巴拉。他的一个同样破了产的妹妹住在那儿。在往返的途中,他还忘不了露几手车技。一路上,他曾在匹兹堡、南本德、道奇、圣菲以及帕姆斯普林短暂停留处理业务。破产的状态也是扩张的过程,不断有问题出现,必须及时解决。

他的妻子身上有一股健康的气息,散发出花草的芬芳,使得人人都想跟她跳舞。她腰系卡拉库尔羊皮带,脚蹬水晶鞋,从上到下熠熠生辉。"你是怎样保持得如此有风度的……"我们刚想开口问,就把后半截话咽了回去,只顾和她跳舞了——她那裹着花饰的胸脯一起一伏,沐浴在时紫时金的光里,紧紧依偎在我们的领带上。

破产的人实在太忙了,生意上的事情让他疲于奔命,于是拒绝担任被推选出的显要公职。街上经常可以看见他奔波的身影,手里拿着一些重要的文件。他曾经因为亏欠巨额钱款而遭到起诉。而今,他穿着新潮的衣服,外套敞着怀,经常不惜花大钱出入那家为太太做头发的理发店。他的孩子们一个个吃得胖乎乎的。

我们为什么要羡慕一个破了产的人呢？那是因为他发现了一个有关美国的秘密——一个明摆着的现实，只是我们没有注意到罢了。我们和他交谈时，他的回话简短而自信，说话时还眨巴着眼睛，操着不高不低的男中音，让人听了心情愉悦……

问：你最早是什么时候知道自己要破产的？

答：我自打一出生，就在朝那个方向走了。我没有像别的婴儿那样又哭又闹的。

问：你看破产是否可以挽回呢？

答：一旦宣布破产，联邦法、州法和地方法就会介入。有些财产免于征税，有些财产受到保护。为了维持破产的状态，就必须抓住各种机遇进行投资，还必须时时注意经济指标，否则就很可能会有不利的情况出现。保持破产的状态，可不是懒人能做得到的。

问：你对我们这些没有破产的人有什么话可以说说吗？

答：你们就去过你们的忧愁日子吧。

谈话结束后，他就去干别的事情了，忙得跟陀螺一样。他要带着全家去参加福利野餐会呢。在野餐会上，他们相互喂葡萄吃，笑声一片。孩子们身穿私立学校的制服在深草里打滚；妻子有些发福，阳光在她的肩头投下斑斑光点。而破产者本人身材挺拔，像一尊青铜像。他在套环游戏中一举夺魁，而在拔河比赛里他所领导的团队也是冠军。拔河时，参赛的另一方是身穿灰衣服的有偿债能力的小业主——那些人人仰马翻，而我们的"破产的人"很大度地伸出手将他们从地上拉起。经过口头表决，他被选入当地新教教会联委会；在查表员联合会二百周年纪念会上，他则是第一个品尝庆祝蛋糕的人。

看到这种现象，我们坐卧不宁，一心希望有人能匡扶正义，揭露这个投机者。而他一再逃脱法网，日子越过越好，正直的人却被法律束缚得死死的。他像蜘蛛一样敏捷地向上攀爬，抵达剧场耀眼的聚光灯底下，穿着艳丽的服装，就像是澳大利亚土著人神圣仪式上的表演者，用白粉把脸涂得白白的，脸上挂着得意的神情，似乎在嘲笑所有的人。我们义愤填膺，于是散布流言，说他根本没破产，所谓"破产"之说完全是编造的。他听到我们的流言，用一张印着他名衔的高级信笺写了挑战书，约我们到谷物街的拐角处，在那位内战中大发战争横财的申南尼根的铸铁塑像前见面。我们接受了挑战后，在镜子里看了看自己的样子，看到的是因为恐惧而惊慌失措的面孔。

天亮了，谷物街上没有汽车行驶，显得十分宽阔。只见破产的人不慌不忙走了过来，耸起的肩头遮住了一部分阳光。观看的人群向他发出欢呼声。这位"破产"的人浑身散发出科隆香水味，走到我们跟前，以他那种典型的宽宏大量的气度拥抱了一下我们，以示保护，否则我们肯定会被人群撕成碎片的。

破产的人不按规矩行事，而是超越于法律之外，结局是步步高升。他四处插手，编织了一张庞大的关系网，促进了美国社会的发展。他不但把触角伸向阿拉伯的石油、牙买加的铅土矿，还将目光投向了冰冻的南极洲。由于他的存在，许多律师获得了工作的机会。他骑着摩托车在前走，身后跟着数百上千的债权人。他把那些人引向地平线以外的地方——那是一个债权人们做梦也想不到的世界。

他向全世界证明："劫后"完全可以活得更好。

费城第一天

【美】本杰明·富兰克林

我走在街头,东张西望,在市场跟前遇见一个手拿面包的小孩。以面包当饭,我不知吃了有多少顿了,于是便问他在哪儿买的。按照他的指引我立刻寻到了第二大街的那家面包店,开口说要买波士顿的那种饼干,可费城好像不做那种饼干。我便改口要买三便士的长面包,对方说也不卖这种面包。大概是这儿用的钱不一样,或者是要买的东西太便宜,要不就是名称不对吧,我让他随便给我三便士的东西果腹。

他给了我三个鼓鼓囊囊的大面包

圈。没想到量这么大，但还是接了过去。衣袋里没有地方装这么多面包，于是我两个胳肢窝各夹一个，嘴里吃着一个走了。走过市场街，来到第四大街，从里德先生（此人以后成了我的岳父）家门口经过时，他瞧见我，觉得我样子狼狈、可笑（实情如此）。我没理会，继续行路，经过栗子大街，来到核桃大街的地段，一路啃着面包。结果绕了一圈又回到了市场街的码头，站到了我来时乘的那条船的跟前，从河里取了些水喝。一个面包已经咽下肚，随手把另外两个面包圈给了一对母子——他们来时跟我同船，等着继续往前航行。

　　肚子里有了食，我信步又走上了街头。此时街上有许多人，穿戴得干干净净，都朝着同一个方向走去。我夹裹在人流里，跟着走进市场附近教友会的教堂，随大家坐下来，先是四周张望了一阵子，见没人讲话——由于沿途劳累，加之头天夜里缺乏睡眠，一股困意袭上来，便呼呼大睡了起来，一直睡到祈祷会结束。一个人好心地叫醒了我。这座教堂成了我来费城待过的（或者说睡过的）第一屋。

　　出了教堂，我举步又向河边走去，一边观察着人们的面孔。我看见一张年轻教友会教徒的脸自己比较喜欢，就上去跟他搭话，问外地人可以在哪儿住宿。此时我们正走近一家挂着"三个水手"的旅店。他对我说："这家店接待外地人，但名声不好。如果你愿意，我可以给你指一家比较好的店。"说话间，他把我引到了克鲁克特招待所。在招待所里，我吃了顿饭。就在我吃饭的时候，他们根据我的年龄和外表，好像怀疑我是偷着离家出走的，于是拐弯抹角问了一堆问题。

　　饭后，困意又袭了上来，他们把床指给了我。我倒头便睡，连衣服也没脱，一直睡到傍晚六点钟，随后被叫去吃晚饭，回来早早地就又睡了，呼噜呼噜睡得香，次日晨方醒。我费气力把自己收拾得整整齐齐，然后便动身去安德鲁·布雷福德印刷厂。在厂里，我见到了曾在纽约会过面的那位老者——他来费城骑的是马，先我一步抵达。他把我引荐给了他的儿子。他儿子待我客客气气，招呼我吃了早饭，随后告诉我目前不缺人手，因为刚刚雇了一个。不过，他说一个叫凯麦的人最近刚开了家印刷厂，或许可以雇我——万一雇不成，欢迎我来他家居住，他可以时不时给我些零活干，直至有较为正式的工作。

老者说他愿意带我去那家新开的印刷厂。到了厂里，老者对工厂主说道："街坊，给你带来了一个干这个行业的小伙子，或许你需要得上吧。"对方问了我几个问题，把一个排字盘塞进我手里让我演示。随后他说很快就可以雇用我，只是目前还没有活干……

我们倾注了所有的感情举目远眺，渴望贡献出自己所有的一切，让心房充满奇妙、崇高的感情。

然而，一旦未来变成现实，遥远的地方展现在我们的脚下，我们就会发现万物依然如旧，发现我们的认识仍很肤浅。那时，我们的灵魂气喘吁吁，为自己的无能感慨叹息。

行走在天地间

归来的温馨

【智利】巴勃罗·聂鲁达

　　我的住所宁静、幽深，庭院里郁郁葱葱，花木繁盛。久别归家，我感到扑面而来的是阵阵的温馨，令我的内心颤抖、激动。花园里竟长起了一片灌木丛，芬芳的气息弥漫于四周，给我以意外的惊喜。我亲手栽植的杨树原来是那么纤弱，那么不起眼，而今长成了参天大树，树皮上爬满了智慧的皱纹，枝头上新叶婆娑舞动。

　　栗树已经认不出我了。虽然普天之下洋溢着春天融融的暖意，它对我却冷冰冰的，高傲地扬起它那光秃秃、乱糟糟的枝条，满怀着敌意。我没有介意，而是每天都去看望它，觉得这样的巡视可以加深彼此的感情。我迎着清晨的凉风，顶着晨露，伫立在光秃秃的枝条下目不转睛地观望它。最后，终于有一天，一个青翠的嫩芽从树梢高处冒出头来，向我投来羞怯的目光。随后，嫩叶接二连三地现身，纷纷来看我。我归家的消息迅速传遍了栗树的各个角落，所有的树叶都放弃了疑虑，露出身影来，彬彬有礼地向我致敬。

鸟儿在树上又像昔日那样不停地歌唱，仿佛什么也没有发生过似的。

刚刚归来时，书斋里仍无春天的踪影，而处处可见残冬的足迹，寒意袭人。由于长时间无人问津，书籍散发出一股死亡的气息，钻入鼻孔，深入内心的厅堂。

站在敞开的窗口旁，望着安第斯山脉上空的蓝天，我感到春天在渗入，在与书籍进行搏斗。书籍不愿改变现状，不愿摆脱那种被人遗忘的状态，而春天披着新装，携带着忍冬的香气，在各个房间里转悠。春天一副得意洋洋的脸面，好像它坚信自己会征服世间万物。

在这幢房屋里，海螺是我最亲近的朋友，默默无语地陪伴着我。在昔日的那些岁月里，它孤独地飘泊在大海的深处，沉默成了它的一种特征。我离家的这几年，它蒙上了一层尘土，显得更加沉默了。不过，它身上依然发出淡淡的珍珠般的光泽，叫我感到十分亲切。

家里又添了几个新住户—— 一些装在木头箱子里的书籍和其他物品。这些松木箱子来自法国，箱板上有地中海的气味。开箱时，箱盖咯吱咯吱响了一阵，随即箱内闪出一片光来，映入眼帘的是雨果的《悲惨世界》，书皮红彤彤的，典雅而大方。

松木箱里还有一幅女人的画像，脸蛋甜甜的，乳房高挺。我给她取名叫"天堂里的玛利亚"。这幅画像是我在巴黎的一家旧货店里发现的，混在一堆废弃的金属器具里，但画中人光彩照人，冲破尘埃和朽烂的气氛吸引住了我的目光。现在，画像被放在显眼的地方，那女人满脸含笑，明媚的眼睛熠熠闪亮。

扫视四周，玫瑰花在绽放。以前我对玫瑰花缺乏好感，因为它们太傲慢，它们的身影总是出现在俗丽的文学作品中。而现在仔细观察，见它们不畏寒意展现出自己的身躯，在多刺的枝条间露出雪白的胸脯，或者露出火红的腰肢，我不由生发出敬意和柔情，赞叹它们那勇士一般的体魄和胆量，赞叹它们那神秘的芳香和诱人的光泽。它们美丽但不庸俗，带着严肃的神情挺立在各个角落，而这种严肃的格调与我的个性相符；我觉得我们都摆脱了奢华和轻浮……

微风吹来，花儿翩翩起舞，一起一伏，把好闻的花香送入我的心里，勾起我对青年时代的回忆，令我陶然若醉……一个芳名、一段美好的时光、一双玲珑的纤手、一对高傲的琥珀色的眸子、一条闪着青春光泽的发辫——所有这一切涌上了我的心头……

忍冬在飘香，春天送来了第一个吻。

菩提花

【瑞士】黑塞

又到了菩提花盛开的时节。每天傍晚时分，夜幕将徐徐落下，种田和上班的人们纷纷返回家中。只见大路上出现了一群大姑娘和小媳妇。她们架起梯子爬到树上采摘菩提花，把手里的篮子装得满满的。以后万一谁有个头疼脑热的病，可以用菩提花配制药茶喝。这样做是未雨绸缪。再说，总得留下点什么吧！在这个芳香四溢的美妙季节，不能让欢声笑语和温暖的阳光白白地流逝掉。把似锦的繁花摘一些保存起来，等到寒冷和恶劣的季节来临时,可以从中获得慰藉嘛。

　　为了度过无聊乏味的日子,真应该把美好的东西提前藏放在家里,到时候可以给你美好的记忆。一天又一天,光阴似箭,美丽的场景不时在我们眼前闪现——那灿烂的阳光和笑容,那姹紫嫣红的鲜花……有时候我们陶醉般地欣赏着这一切,有时则视而不见、置之不理,但美无时无刻不萦绕于我们身边。它是欢乐的源泉,无处不在,极为珍贵,但用金钱不可收买。它就像这随风飘荡的菩提花香,是上天赠送给我们的礼物,人人都有份。那些为了给病人配制药茶,正在辛辛苦苦采摘菩提花的女人不懂得消受这份礼物;那些沉迷于爱河,正在暮色里散步的情侣也不懂得如何消受;只有悠闲的徒步漫游者一边吮吸着花香,一边欣赏着美景,这样的人才懂得怎样消受上苍的礼物。凡是漫游者见到美好的东西,知道怎样去品味,去欣赏——他知道一切欢乐和美景转眼就会消失。他欣赏时,脚步并不停留,对任何事物都不会过于留恋,而是习惯于千变万化的生活,在任何地方都不会扎下根来。有些爱好旅游的人,如果喜欢哪个地方,会年复一年地到那儿去。世上也的确有美不胜收的地方,引得人们反复光顾。这样的人是旅游者,但不是漫游者,倒有点儿像沉迷于爱河的情侣,或者忙于采花的大姑娘小媳妇,留恋或徘徊于一处,而不懂得如何跟某一时刻或某一地告别。

　　昨天傍晚,本地来了一个云游天下的手艺人。他诙谐幽默,向居民们和采花女们致敬时也一副滑稽相,逗人发笑。他搬开架在一棵巨大菩提树上的梯子,把好几个正在采摘菩提花的女人困在了树上,而他却溜得不知了去向,惹得女人们大骂出口。我将梯子放回了原处,也没有平息女人们的愤怒。而我却觉得手艺人的恶作剧极为有趣。

　　啊,年轻的手艺人!啊,快乐的漫游者!我看到他们,就像看到了尊贵的国王,心里充满了钦佩和羡慕。我觉得他们虽然衣衫褴褛,却像头上戴着一顶王冠。他们每一个人都是天之骄子，都是大自然的征服者。我曾经也是他们当中的一员，浪迹天涯。虽怀念故乡，虽生活艰苦，但路上的所见所闻让我心里充溢着欢乐。

　　我一边走，一边浮想联翩。那菩提树的芳香在宁静的夏日黄昏里四处弥漫，一个劲儿往鼻孔里钻。几个小孩手里拿着红色和黄色的纸风车，在河岸边玩耍，边玩边唱歌；年轻的恋人们在灌木丛和树林里散步；蜜蜂嗡嗡叫着，在金色的阳光下飞舞，划出一道道光晕。

　　说实在的，我并不羡慕那些沉浸在爱河里的恋人，也不羡慕那些忘情玩耍的孩子以及那些采蜜的蜜蜂，只羡慕漫游者，因为只有他们懂得怎样享受这一切——花的芬芳和美丽的夕阳。

　　我多么希望自己能再年轻一次，无牵无挂、大胆无畏地在这个炫丽多彩的世界上漫游，瓜果成熟时吃现摘的瓜果，过十字路口时不分东南西北地只管朝前走！我多么希望能再次夏夜露宿于草堆旁，享受那静谧和稻草的芳香，多么希望能再次跟小鸟、蜥蜴和甲壳虫生活在一起，和它们朝夕相处！

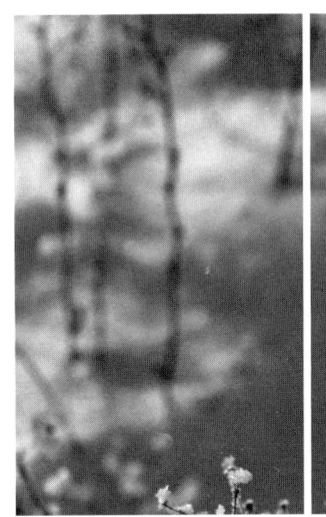

冬日漫步

【美】亨利·大卫·梭罗

风儿轻轻柔柔,透过百叶窗絮絮低语,似鹅毛般轻盈拂在窗户上,时不时发出一声轻叹——那叹息声就像夏日的和风吹拂树叶时发出的声音,终夜不息。在草地里,田鼠钻进舒适的洞穴呼呼大睡;沼泽地的深处,猫头鹰躲在空树洞里;兔子、松鼠和狐狸都在各自的巢穴里。看家狗静静卧在壁炉边;牛栏里的牛也悄无声息。大地在沉睡——仿佛刚入梦境,而非熟睡不醒。只有街上的广告牌以及木屋门轴嘎吱吱低低的声响,给午夜时分沉睡的静寂的大自然增加了一些欢快的气氛——茫茫宇宙里,在金星与火星之间,唯有这一点响动了。这响动使人联想到众神相会时他们内心涌动的热情、神圣的寒暄和友谊,而对于人类则是无法忍受的凄厉的声音。大地此刻在酣睡,可空中却一片生机,只见鹅毛大雪纷纷扬扬,就好像北方的谷神在把银色的种子撒向田野。

我们一觉醒来,看到的是一个四周鸦雀无声的冬季的早晨。积雪厚厚地堆在窗棂上,白白的像棉花或羽绒。窗框变宽了,玻璃上结了冰花,从那儿钻进一缕微弱、幽淡的光线,增加了屋里舒适、惬意的气氛。这是一个静得令人难忘的早晨。我们举步走到窗前,脚下的地板咯吱吱作响,放眼向外眺望,让目光越过一片空地飘向野外。但见房顶上白雪皑皑,房檐和篱笆上挂着长长的钟乳石状冰凌,院子里有石笋状的雪堆,下边不知盖的是什么。大树和灌木银装素裹,其枝杈乱七八糟的,像臂膀伸向天空。原来的墙壁和篱笆现在变了样子,形态各异,似欢呼雀跃般在朦胧的大自然里撒欢。仿佛一夜之间,大自然便为大地设计了新装,供人类的艺术家来临摹。

我们默默拔掉门闩,雪花趁机飘了进来。步出门外,寒风割面。群星趋于黯淡,地平线那儿氤氲着一团雾霭。东方发亮,一片黄铜色的光,告诉人们新的一天已来临。西方仍光线暗淡,幽静幽静,像罩着阴惨的地狱之光,仿佛四处影影绰绰的。耳旁的鸡鸣狗吠、咔嚓咔嚓的劈柴声以及哞哞的牛叫,似来自鬼域,像是从冥王的农场和冥河那儿传来的。声音本身倒不太凄惨,但由于周围光线朦胧,便显得阴沉和神秘了。院落里,狐狸或水獭在雪地上留下的足印清晰可见——显然这是一个多事之夜,时时刻刻都有生命在雪野活动,大自然生生不息。我们打开大门,沿着偏僻的乡间小路快步走去,脚下干脆的积雪吱吱作响。农夫起得很早,驾着木头雪橇出门到远方的集市上去,一路把雪压得吱吱嘎嘎乱响，声音清晰、刺耳。那辆雪橇整整一夏天都躺在碎木和桔梗堆里睡大觉。透过飘飘扬扬的雪花和农夫家沾着白雪的窗户，远远可以看见屋里点着一盏灯，那灯焰似惨淡的星光，孤独地闪烁——像是有一位高德的信徒在做晨祷。炊烟袅袅从烟囱升起，缭绕于树木和雪地之上。

农夫家远远传来劈柴的声音。大地冰封，汪汪的狗吠和雄鸡的歌唱清晰可闻。空气稀薄，凝结着霜雾，只能把细小的声音粒子传播到我们的耳朵里——那音鸣短促、悦耳。纯净、质轻的液体里如有波纹，很快就会消失，而粗质物会沉淀下来，便是这个道理。那声音清清爽爽，似银铃一般，从远处天地交结之处传来——夏天会使声音变得微弱、刺耳，而冬天的声音好像遇到的阻力不似夏天那么大。大地像风干了的木头，咯吱咯吱响，就连乡间最普通的声音也悦耳动听。树上的冰凌叮叮当当，声音清脆，煞是好听。空中几乎没有水汽——所有的水汽不是消失了，就是结成了霜。空气稀薄，但有弹性，吸之使人感到惬意。苍天后缩、绷紧，弯成穹窿状，似教堂甬道那种形状。净化了的空气闪着亮光，仿佛空中飘浮着晶莹的冰粒。格陵兰的居民曾告诉我们，在结冰期"大海像燃烧的草地在冒烟，同时会起雾，合称为烟雾——那烟雾是伤人的，常使脸上和手上起疱疹，对健康极为有害"。而这里的空气虽刺骨寒冷但纯净，对肺大有好处。此处的雾不是冻雾，却像仲夏的薄雾，经过严寒的加工变得极为晶莹和纯净。

秋天

【法】让·吉奥诺

秋天从高山之巅跳跃着向我们奔来。几天里，空气中飘浮着躁动不安的气氛。望着那婆娑的树影，人们心里多有的是怅惘。不过，人们通常想到的是年终岁尾时的景象，却没有预料今年会出现什么情况。

我们居住的这个地区山势巍峨，一眼望去净是连绵起伏的群山及纵横的沟壑。湍急的山涧冲刷着片状的岩石，形成深达百米的峡谷。峡谷两侧耸立着极为陡峭的悬崖，蓝蓝的，就像海水的颜色。如果你沿着悬崖攀缘而上，到半截腰的地方，那儿有一个平台。站在平台上俯瞰，可以将一片片的草地及农田尽收眼底。草地上青草如茵，静悄悄的，似乎小草把声音都吸跑了。马儿从草地上跑过，不闻马蹄声，只可以听到马鬃在风中窸窣作响。还可以俯瞰到清泉掩映的杨树林、翻耕过的红土坡地、浓密的灌木丛、袅袅的炊烟以及浩淼的大森林。此处坐落着五个村庄：两个隐于湿漉漉的草地中；一个横贯于山丘上，左侧生长着一片铁线莲，绿绿的，似碧波荡漾；另两个略显偏僻，隐藏在森林里。

秋天像一只火狐狸冲了过来。一天夜里，人们仿佛听到了它轻轻落地的声音。第二天，眼前就呈现出了秋色。起初，它在草地上打滚，擦着杨树林蹭过去，把身上火红的毛蹭在树干上。继而，它与枫树展开搏斗，用利爪把枫树抓一把，抓得枫叶流出了血。将近中午时分，草地上水雾茫茫，白白的，就好像风儿把一大堆草灰撒在了空气中。马群停止了奔跑，"咴儿咴儿"凄切地嘶鸣着，然后便迈着沉重的步子返回圈着栅栏墙的牧场里。它们躲在杨树下，浑身微微颤抖。我伸出手，抓了一把笼罩在草地上的空气，觉得手掌里清凉清凉的，略带潮湿感。将手掌展开，我看见手里攥的是一些细小的白色星状物。原来是花！是猪殃殃花的花絮、绣线菊花的花瓣、大戟花的绒毛和肥皂草的细丝——全都是死了的东西，是各种花的残沫余灰，呈粉末状，抓在手里像抓了一把月光似的。这些东西的气味，一直渗入人体里，渗入到人的内心阴暗的角落，可以把周身的血液都染成黑色。眼下，天空还没有发生变化，仍把一束束强烈的、金灿灿的阳光投射到地面上。隐隐约约有一股风从高空吹过，轻轻弱弱的，但凉意嗖嗖。站在高山上，你可以听到那风声。那风声和那气味会产生怪怪的效果，在你的心里播下忧愁和烦躁的种子，或者确切地说，它们把你的旧愁翻了出来，让你觉得活在人世间就好像沉陷在无边无际的泥沼里。"我生活的意义何在？"你会这样问自己。"在耕种庄稼、培植树木时，在和村里人谈笑时，在节假日唱歌跳舞时，我曾有过欢乐。而现在，只能感受到悲愁，一种永无边际的悲愁！"人们不知道怎么才好，一个个表情木然，行动迟缓，都抱着听天由命的想法。此时，从高山的山峰上，从夕阳中，飘过来三朵瑰丽的云彩，裹着绚烂夺目的金边。可是，渐渐地，它们沉重地跌落在了黛青色的冷冷的云层下。燕子高声叫着，相互招呼着；铁匠放下手里的铁锤，抹一把胡子，走进了咖啡店。在家门口站着的人们，向天空张望一眼，连忙躲进屋里去了。家家户户点起了灯，村子里一片寂静。只可以听见村头大树上栖息的鸟儿唧唧喳喳地叫，它们在集合队伍，准备搭伴飞往别的地方。

枫树仍在滴血，血红色在不断蔓延。每条村道的两旁，都排列着这种血红的树木。蕴藏在土层里的热气逐渐外溢，使大地膨胀起来。杨树闪烁着寒光——那寒光甚至比阳光更为耀眼。山溪旁，草地经过霜冻，渐渐变成了蓝色。枯萎的秋水仙散发出硫磺一样的气味，简直能让整片草地窒息而死。只有森林还在不屈不挠地反抗，它的松杉仍然是那样稠密和挺拔。我们都羡慕森林里的居民。因为我们草地边的树木和灌木丛，连同生长在泉水边的白杨，统统被秋天染成了火红色——这火红色渐渐黯淡，越来越焦黄。所有的草木都在凋零，叫人感到死神正在走近。村民们纷纷把牧场上的马儿赶回家。马儿疯狂地摇着头，打着响鼻，像是恨不得要一头撞死在栅栏上。夜幕降临，雨淅淅沥沥下个不停，雨点飘进树篱里，钻到树脚下，落在枯枝败叶中。雨点击打在窗户上，从窗玻璃的缝隙间流进屋里。人们躺在床上想着心事，用被窝抵御秋天的寒气，次日早晨起床，发现床前积了一大摊水。

隐藏在森林里的两个村庄，一个叫圣宝迪尔，另一个叫弗洛米艾。在这秋雨萧瑟的季节，我们只好守着火炉熬日子。而那两个村庄就成了我们一心向往的地方。在他们那儿，一切都没有变，松树像花岗岩一样坚毅。眼睛望着那生意盎然、永不凋谢的绿色，我们的心里多少感到一丝慰藉……

林中小溪

【俄】普利什文

如果你想了解森林的灵魂,劝你找一条小溪,沿着溪畔走一走。有一年,刚开春的时候,我就找到了一条林中小溪,完成了一段难忘的旅程。在此处,我想把自己的所见所闻讲给诸位听一听。

在溪水较浅之处,我看到了一些云杉树的树根——溪水冲在树根上,发出汩汩的响声,同时冒出一串串的气泡。那些气泡刚一产生,就随着溪水漂走,不久就破灭掉了,还有相当一部分的气泡漂到新的障碍物跟前,挤成一团团白花花的泡沫,老远就可以看得见。

溪水沿途遇到无数个障碍物,而它

毫不在乎，只是一个劲朝前流去。它把水流集中在一起，一股一股的，像是在收紧肌肉，准备参加一场搏斗。

水面颤抖着，阳光把抖动的水影反射到云杉树和青草上，水影就在那儿不停地闪耀。在流淌的过程中，溪水发出淙淙的声音，而沿岸的小草就是在这种悦耳的声音里一点点成长起来的。

流过了一段又浅又宽的区域后，溪水冲入狭窄的深水道，湍急、无声，就好像是把全身都绷紧了一样。太阳并没有袖手旁观，而是将"紧张"的水影投射在树干和青草上，让那亮亮的影子在那儿忽闪。

如果遇上大的障碍，溪水就咕嘟咕嘟地表示不满——那"咕嘟"声伴随着水花飞溅的声音，从很远的地方便可以听得到。然而，这可不是示弱，也不是抱怨和表示绝望；对于人类的这些脆弱感情，溪水一无所知。每一条小溪都坚信自己一定能够到达自由的王国，即便遇到厄尔布鲁士山那样的高峰峻岭，它也会将其劈开，劈出一条道来……

水上的涟漪微微颤动，那轻舞的影子被太阳反射向四面八方，在树上、草上轻轻晃动。淙淙的溪水伴随着树的幼芽生长，使溪畔的小草愈加葱茏茂盛。

我看见水中有一个缓缓转动的漩涡，漩涡中心是一棵横倒在地的大树，有几只亮闪闪的小甲虫在平静的水面上漂动，激起细细的水纹。

溪水有各自的水道，都在平平静静地流淌着。但是，当几条水流汇集在一起的时候，它们便哗哗啦啦地高声说话和打招呼。

溪水惹动了新结出的黄色花蕾，而花蕾在水面上荡起波纹。小溪的生活便是如此，时而泛起白沫，时而在花草的影子里欢歌或悄语。

有一棵树堵在了小溪行进的方向，在春季还长出了新绿，但小溪在树身下找到出路，夺路流向前方，晃着水影，发出汩汩的声音。

有些水草从水底钻出来，现在站立在水流里频频点头，既算是对花影的问候，也算是对流水的致意。

就让水流中出现堵塞吧，就让它出现好了！有障碍，才有生活！否则，溪水就缺少了生气，就会无精打采地汇入大海，结束它的流程——就像蔫里吧唧的生命离开毫无生气的机体一样。

途中有一片宽阔的洼地，溪水毫不吝啬地将它灌满，然后继续前行，把一个大水塘留在了身后。

有一棵大灌木曾被冬雪压弯了腰，现在有许多枝条低垂在水里，非常像一个大蜘蛛，灰蒙蒙地趴在水面上，轻轻晃动着身上细细的腿。

云杉和白杨的种子漂浮在水中。

小溪流经森林的全程，是一条充满搏斗经历的路程，"时间"就是在这过程之中创造出来的。

如果没有障碍物，没有溪水的搏斗，那么水很快就会流走，也就不会有生活，不会有"时间"了……

小溪在搏斗中竭尽全力，那一股股的水流仿佛是一块块隆起的肌肉。毫无疑问，溪水早晚会汇入汪洋大海之中，但这"早晚"就正是时间，正是生活。

一股股水流在两岸紧夹中奋力前进，彼此打着招呼，一遍遍说着"早晚"二字，一天天一夜夜说个不停。只要水道没有干涸，只要溪水还在流淌，它就会不知疲倦地反复说："我早晚会流入大海的。"

在前边溪畔旁有一个圆形的水湾，一条发大水时被冲来的小狗鱼困在了水湾里。

你顺着小溪继续前行，会来到一块极为宁静的地方。这儿，你会听见一只灰雀的低鸣和一只苍头燕在触动枯叶时弄出的窸窣窸窣的声音。

有时你会看见一股强大的水流，一股由两条溪水汇集而成的强大水流，在全力冲击被百年云杉的强壮树根所加固的陡岸。

真惬意啊！我坐在树根上一边休息，一边细听陡岸下方那强大的水流的呼唤声，细听它们"早晚""早晚"地彼此鼓励和打招呼的声音。

流经小白杨森林时，溪水变缓变宽，像是湖泊一样，最后集中涌向一个角落，从一米高的地方跌落下去，响起一片哗哗的声音。落水处一片喧嚣，而小湖上却静静的，波光粼粼，密集的小白杨树被水冲歪在水里，似一条条小水蛇，想顺水流逃走，却又被自己的根所拖住。

这条小溪叫我流连忘返。我舍不得离它而去，因此反而就觉得乏味了起来。

我漫步走到林中的一条小路上，这儿长着低矮的草，颜色青绿青绿，甚至绿得有些刺眼。路上有两道车辙，里面灌满了水。

白杨树上出现了嫩芽，芽的树脂闪着亮光。春天还没有真正到来，开花的植物只有草莓、白头翁以及报春花……

走着走着，我又回到了小溪边。小溪从密林里流到空地上，水面在艳阳的照耀下格外开阔。此处有一片青蛙卵，已经相当成熟了，从那一个个透明的身体里可以看到黑黑的蝌蚪。在水面上，有许多几乎跟跳蚤一样大小的浅蓝色苍蝇，贴着水面飞一会儿就会掉进水中，结束它们短暂的生命。有一只水生小甲虫，像铜扣一样亮闪闪，在平静的水面上打转转。一只黑黄色蝴蝶，又大又艳丽，在水上翩翩起舞。周围小水洼里长满了花草，早春柳树的枝条已长出芽，茸茸的像黄毛小鸡。

在此处，溪水分道扬镳了——一部分溪水选了一条水道，认为从这儿可以早些抵达目的地；另一部分溪水选择了另一条水道，觉得那儿是捷径。于是它们分开了，绕了个大弯子，中间形成了一个大孤岛，最后又汇合在了一起。它们终于明白：对于溪水来说，不管选什么样的道路，"早晚"都会抵达海洋。

……

盎然的春意

【德】歌德

我用整个身心去感受早晨那盎然的春意，一颗灵魂完全沉浸在奇妙的宁静之中。这块净土仿佛专为我这样的人而设，附近悄无一人，使我觉得人生是那般美好。我陶醉了，专心致志享受着宁静的快感，结果弄得无心作画。在这种时刻，我虽然无法挥毫落笔，但我却觉得自己比以往任何时候都更具有艺术家的灵感。美丽的峡谷里晨雾缭绕，一轮红日悬挂在密林的上空，不时有一缕阳光偷偷地溜进这块圣地的纵深处。我横卧在飞泉侧畔的茂草里，紧贴地面观赏那千百种小草，感觉到叶茎间存在着一个沸腾的小世界——

那儿有数不尽说不清的形形色色的小虫和飞蛾。我感觉到上苍根据自己的意愿创造了这诸多的生命。我们被支托着，浮游在茫茫的欢乐海洋之中！朋友啊，当我眼前的大千世界趋于朦胧，苍天和大地合二为一，像一个可爱的人儿一样占据我的整个灵魂时，我的内心便有一种热烈的愿望在冲撞。啊！假如我能够表现内心深处的那种温馨和美妙的感觉，将其倾注在画布上，那将成为一面可以映照我的灵魂的明镜。唉，我的朋友！可惜我力不从心，只好面对这奇观美景枉自嗟叹。

不知是小精灵在附近捣鬼，还是我太爱胡思乱想，总之看到眼前的一景一物，我都觉得自己置身于天堂之中。大门外流淌着一泓清泉，竟让我像美露西娜[1]姐妹一样心醉神迷。下了小山，可以看见一座拱门，再往前走约莫二十步，便能瞧得见那清澈的泉水来自大理石岩缝之间。那低矮的围墙、参天的大树以及凉爽的空气，真是叫人心旷神怡，甚至还会产生一种敬畏感。差不多每一天我都要跑到这儿来坐上个把时辰。镇上的姑娘汲取泉水。这是一种单调的日常工作，古时候就连公主也身体力行。每当我在此闲坐时，就会回忆起那久远的岁月，想到各族的家长在泉眼旁欢聚一堂、签约订盟的情景，想到就在这清澈泉水附近徘徊着无数仁慈的精灵。在炎炎的夏日下经过长途跋涉，饮一口清凉的泉水，你就会感到神清气爽。没有这种经历，你就难以理解我的这番感触。

---

[1] 美露西娜是法国民间传说中的美人鱼。

大自然

【美】爱默生

独自修行,需远离家门,远离社会。我读书、写作,形单影只,但内心并不孤独。假如一个人渴望独处,不妨仰首眺望星空——那天堂之光会把他跟周围的俗物截然分开。但见天空一片透明,令人遐想不已。站在城里的大街上放眼望去——群星璀璨!如果那些星星千年一现,让我们一睹其风采,定会激发我们的信仰、赢得我们的崇拜——人类千秋万代都将把"上帝之城"铭刻在记忆里。更何况那些"美"的使者夜夜出现,嫣然一笑,令宇宙生辉。

群星令人望而心生敬意——它们抬头可见,却遥不可及。只要我们敞开心扉观赏自然景物,会有同感。从未见大自然露出过猥琐的面容。

智者绝不会着意探寻大自然的奥秘，因为一旦穷尽其风采，很可能会淡化兴趣。在智者的心中，大自然绝非平俗之物。在单纯的童年时代，鲜花、动物及群山曾给他们带来了欢乐，而在他们年富力强时，则是他们智慧的源泉。

如此谈论大自然，我们内心有一种独特的感觉，荡漾着盎然的诗意。这就是我们对丰富多彩的自然景物产生的总体印象。这可不是对伐木工伐倒的圆木或诗人歌颂的绿树所产生的那种印象。今天早晨看到一道迷人的风景线——无疑那是二三十个农场连成一片构成的风景线。一片地是米勒家的，另一片是洛克家的，而远处的森林归曼宁家所有。但"风景"不归任何人所有。天地交接之处的那些景物没有主人，只有诗人的目光可以将所有的一切融为一体。那些人家的农场最精彩之处就是这些了，光靠地契是无法造出风景的。

实话说，很少有成年人能欣赏大自然。大多数人对太阳视而不见。或者他们只是走马观花地一看。太阳只能照亮成年人的眼睛，而对孩子而言，不仅照亮了他们的眼睛，也照亮了他们的心。热爱大自然者，感官和内心协调一致，即便步入成年期，依然童心不泯。他们跟天地的沟通，如家常便饭。尽管内心悲怆，而在大自然面前，他们会欣喜若狂。大自然会宣称：他们是我的子民；无论多么悲伤，和我在一起，他们就感到欢欣。非但太阳和明媚的夏天能给人带来欢乐，时光交替、季节更迭，从气闷的中午到黑暗的夜间，大自然无时无刻不在影响着我们，使我们的心境千变万化。大自然既可为喜剧的背景，亦可烘托悲剧的色彩。

处于健康状态，会觉得空气无异于甘露美酿，散发出令人难以置信的芬芳。踏着雪水泥浆，头顶满天的乌云，在苍茫的暮色里穿越空旷的野地，心里怎么也想不到会有好运降临。此时，心里涌起一阵喜悦——这种欢乐，我真害怕会失去。在森林里，人会将自己的年龄抛在脑后，犹如蛇抛掉蜕下的蛇皮，不管处于什么样的年龄段，都将保持一颗童心。林中，青春永不褪色。这儿是上天的田园，笼罩着庄严、圣洁的气氛，盛典搬演不息，一千年也不让人厌倦。林中，我们回归理性和信仰，坚信生活中的困难会一一迎刃而解——没有大自然排解不了的灾难（请相信我吧！）。站在旷野中，沐浴着欢乐的气氛，仰望浩瀚天际，所有卑鄙龌龊的因素都从心里消失得无影无踪。

我遁形匿迹，似无形体，却目睹千种景象。宇宙化为溪流在我的体内流淌，而我和天地紧紧相连，密不可分。听到挚友的名字，我觉得生疏、无关紧要。手足之情、亲友和主仆关系，都成了鸡毛蒜皮的小事，只会让人分心。我陶醉于一种无拘无束、永恒不变的"美"之中。在旷野里，我发现了一种在街道上、村庄里所缺乏的珍贵、自然天成的美。在静谧的景色中，特别是在遥远的地平线延伸处，可以看到一样景观，它美如人最初之天性。

田野、森林给我们带来的最大欢乐，莫过于它们揭示了人与草木之间微妙的关系。我感到自己并不孤独，并非无人理睬。草木向我点头致意，我也冲它们频频点头。风中，树影摇曳，我看来既新鲜又熟悉。那感觉先是意外，又觉得并不陌生。结果，我仿佛心里涌起一种超然物外、圣洁无比的感情，使我觉得自己适得其所、心境坦然。

然若论"生造欢乐之力"，显然并非寄寓于大自然，而为人类所有，或者说是人与大自然的合作之力。对于这种"欢乐"，有必要慎重加以甄别。大自然并非日日都披着节日的盛装——昨天，它芳香四溢、五彩缤纷，身着仙女游戏时的那种丽服，今日就会愁容满面。大自然色彩的变化，与一个人的心情密切相关。蒙受灾难的人心里备受煎熬，会觉得大自然沾着哀伤的色彩。而刚刚痛失好友的人，则觉得周围的景物一片凄凉。对于贫苦的人，头顶的天空也失去了些许光彩。

洪水

【俄】索罗乌欣

先是细雨霏霏,每天下个不停,让土壤喝了个饱,似乎再也吸不进一滴水了。所以,当天空暴怒,倾下瓢泼大雨时,平时温文尔雅的小河变得暴怒起来,河水猛涨。每一个溪谷,每一条沟壑,都出现了滚滚水流——那水前呼后拥,咆哮着越过石块,跨越树根,像赛跑一样向前飞奔。所有的水流仿佛有一个共同的目标——冲进小河里去,协助小河肆虐逞凶。

如注的雨水哗哗地落下来,形成千万条水鞭,抽打着所有的溪水和洪流,不停地催促着它们,抽打得越重,那条条水流就越急促,奔跑得就越快。

在距离地面半米高的地方,弥漫着一层灰白色的雾。黄豆大的雨点砸在地上,摔得粉碎,变成水尘和雾沫。家家户户的房顶上都可以看和这一模一样的灰白色的雾。落雨声充满了每一寸空间,噼噼啪啪地响,均匀而又紧促。偶尔从远处传来几声雷鸣,轰隆轰隆,震耳欲聋。此时听到雷声很叫人感到奇怪,因为天空灰蒙蒙的,色调均匀,是典型雨天的样子。一般打雷的天气,天空黑里透青,狂风大作,而且响雷发过威之后很快就会过去的。

没有风,只有滂沱大雨从铅铸一般的天空倾泻下来,下啊下的,好像永无尽头似的。

一夜落雨不停。天麻麻亮时,天空终于安静了下来。雨虽然停了,树上的水却还在朝下滴。你仔细倾听,一定会听到那一棵棵的小草也在滴水。

河流膨胀,在肆无忌惮地撒欢,一副为所欲为的样子。就连积雪突然融化,雪水从四面八方汇入河流,也不会产生如此猖獗的洪水。洪水奔腾不息,冲走了小桥,冲走了河岸上所有的一切——木柴、草垛和垃圾。它四处泛滥,淹没了牧场、绿色的燕麦田、金色的黑麦田和白茫茫的荞麦田。它冲向地势低洼的村庄,朝着菜园逼近。

在奥迪塔尼,河边有一些洗澡房——一些由木桩支撑的歪歪斜斜的小木头房子。现在只能看得见洗澡房的房顶了,就连这恐怕很快也会被洪水冲走的。

不过,这儿的小河毕竟太小了,即使发这么大的洪水,也不至于给周围的环境带来严重的灾害。这样来说吧:一只小猫在屋里玩耍,就算它扯掉了窗帘,打碎了一个茶杯或者花瓶,也没有什么了不起的。它只不过是一只小猫,又不是大象,不是狗熊,也不是老虎!

乡亲们都很好奇,兴致勃勃地观看眼前这非同寻常的大水。有的人说:"小河变成了大河。要是老这个样子就好了!"根据老人的回忆,五十年前,或者七十年前,也发过这样的大水。小孩子们在水边跑来跑去,观看联合收割机驾驶员安纳托利亚用渔网在水里捞鱼,捞那种大头鱼或梭鱼。

我拿起一根棍子,沿着河岸信步朝前走去,想欣赏一下这难得一见的景色。

高高的赤杨丛,现在只能看到树梢了。显然,大水在强迫树丛顺着水流的方向弯曲,但树是有弹性的,它们瞅准机会,见水势一弱,就会挺起腰身来。因此,它们不停地弯腰和挺腰,像是上了发条似的。

一株老白杨被水一直淹到了树冠。各种各样的小鸟在树冠上跑来跑去,惊惶而又凄哀地叫着。大概,有许多温暖、舒适的鸟巢(巢里很可能还有雏鸟)都淹没在了水里。

走到一处地方,我由于看漩涡看得出了神,便留住了脚步。大水流到此处,撞在弯曲的河岸上,就打起旋来。漩涡边上的水流舒缓,懒洋洋的,越靠近中心,旋转得就越快,最后形成一个飞速旋转的水漏斗。麦秸、干草、木片,就连水里的气泡,全都一股脑被卷进漏斗里。

我的耳朵里响起一阵吱吱的叫声——一种单调、微弱的声音。起初,那声音虽然进了我的耳朵,却没有引起我的注意。我把它跟小鸟的叫声混淆了。后来又听了听,才注意了起来。

我竖起耳朵仔细听,分辨出那吱吱的叫声不是一个生物发出的,而是有好几个生物在叫。它们就在跟前,几乎就在我的脚边。

我朝前走几步,再侧耳听听。这时,我发现我的胶鞋前面有一个小坑——一个牛蹄子踏出的小坑。坑里有几个小动物,个头非常小,挤在一起，显得软弱无力。

这些小动物有小老鼠那么大，或者说个头跟田鼠差不多。它们皮毛湿湿的，看颜色极像田鼠。它们共有六只，拼命地蠕动着，每一只都想爬到另一只的身上。它们滚啊滚，爬啊爬，把最弱的踩在脚底下。小坑正处于陆地和水交接的地方。水坚定不移地朝上涨，在小动物避难的坑里积了一汪水洼。有两只小动物一动不动躺在水洼里，不知是呛了水，还是在争生存的斗争中被它们的兄弟或姐妹踩死了。

我很想知道那些小东西是什么动物下的崽子，于是举目四望。有只麝鼠瞪着乌黑的小眼珠，从赤杨树的树梢那儿盯着我瞧。它的爪子不停地划动着，好让自己固定在一个地方（水流在冲击着它）。它见我在瞧它，急忙惊恐地向一边游去。不过，仿佛有一条看不见的线把它和那个牛蹄子印绑在了一起。它不肯朝远处游，而是在转圈圈。它又回到赤杨树丛那儿，又在那儿打量我，同时不停地划动着爪子。

水位正常的时候，那个牛蹄子印离河岸较远。从此可以推测，当水涌进鼠洞时，母鼠已经把鼠宝宝拖到了较高的干燥的地方。很可能，牛蹄子印并非它们的第一个避难所。以前的避难所都被水淹没了，就像它们温暖、干燥的洞穴被淹没一样。再过一刻钟，那个牛蹄子印也会被埋没在水下的。

麝鼠距离我仅有两米远。这么近的距离，对于一个极端小心、极端胆小的生灵来说，是不可思议的。她是母亲，具有自我牺牲的英雄主义情怀，就这一点而言又是必然的——它的幼崽正在绝望地嘶叫着。

我转身走了，以免干扰一位母亲完成它神圣的使命——拯救自己的孩子。虽然已经有两个孩子躺在了水洼里，恐怕再也站不起来了，可它会把其他的孩子拖到安全的地方，让它们躲过这场灾难。

我举步朝家中走去，而那种感伤的情绪仍在影响着我。我也有自己的孩子，于是浮想联翩，想象着这样的情景：一场灾难降临，其突然程度及规模如同这次发大水对于可怜的麝鼠一家一样。那时，我不得不像母鼠一样，把孩子们转移到别的地方。途中，他们由于寒冻和饥饿，也许会相继死去。他们无助地呼唤我，而我却不能及时赶过去施救。

我想遍了种种可怕的灾难，想到了一幅幅恐怖的画面，最后我的想象停留在了人类最可怕的场面上——战争。

雨又下了起来，越来越大。漆黑的夜幕降临大地。河里的水仍在上涨。

天空中，在雨云的上方，响起一阵隆隆的声音……一群由金属制成的大鸟不知从哪儿飞了过来，也不知要飞往何方。

如果它们从高空向地面看一眼，望望在地面上行走的我，它们会觉得我是多么渺小、多么微不足道。在它们看来，我恐怕比那些麝鼠幼崽还要渺小……

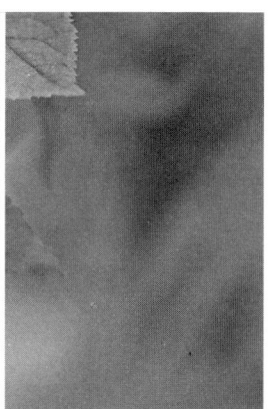

夏天

【美】约翰·布罗斯

谁能说得清一个季节是什么时候结束的,而另一个季节是什么时候开始的?恐怕只有编制日历的人才能给出确定的日期。这样的问题,就好像是在问你:你的幼儿时代是什么时候结束,继而转入儿童时代的?你的儿童时代何时结束,继而转入青少年时代的?对我本人而言,桤树上结出花絮或柳树开始抽条,是春天的象征。不管哪一天(三月上旬、中旬或下旬),只要出现了这样的迹象,我就知道春天即将来临。春天的第一批信使往往是蓝知更鸟、歌雀以及红肩欧鸟。然后,就可以听到乌鸦呱呱的叫声了。槭树的树干里,汁液开始流淌。田野里,蜜蜂嗡嗡叫着四处采蜜。啄木鸟用鸟喙梆梆地敲打着树。牛群在草场上吃草，眼光飘向远方，哞哞地发出一声声长鸣。

而绿叶满枝头，浓荫匝地，则是夏天来临的象征。在田间地头，你可以看到它投下的一道道凉爽的影子，它把森林变为深幽、阴凉的隐居地。在河对岸的山坡上，有好几个月的时间，每当早晨和正午的时候，仅仅散布着几处细细的影子；但在五月的某个早晨，我放眼望去，看到树木把浓浓的阴影铺洒在山坡的草地上。那情景真是让人赏心悦目啊！所有的树木都身裹盛装，一株株神清气爽，数不清的树叶在沙沙作响，向人们诉说着它们的欢乐。此时，树木有了感觉：它们可以思考和幻想，可以产生感情上的激动。它们在一起低低絮语，在一起梦想，在一起跟暴风雨搏斗。

夏天之美总是由六月来体现。它胸前挂着一串串雏菊，手拿一束束开着鲜花的苜蓿。这些花草喷芳吐艳时，季节的交替便有了明显的征候。一个人很可能会这样感叹："多好啊！一个美好的季节开始了，我又能欣赏到雏菊和闻到苜蓿花的香气啦！"他会充满爱意地把那美丽的花采在手中。在人们的心目中，花香总是和青春的气息联系在一起，使人产生温馨的遐想。没有任何东西能像苜蓿那样散发出叫人陶醉的气息——那是少女的气息，是一种朴素美好的气息。一片开着红花的苜蓿田，其间散布着星星点点的雪白的雏菊花，真是美不胜收。你走过时，在大路上都能嗅到那扑鼻的香气。你可以听到蜜蜂的嗡嗡声，听到食米鸟的啁啾、燕子的喃喃细语和土拨鼠嘘嘘的叫声；你可以嗅到野草莓沁人心脾的气味，看到山岗上的牛群。此时，你很可能会返回到青春时期，仿佛看到自己又成了一个活力勃发的小青年。在肯塔基州，有一次郊游，我看到了连成片的苜蓿地，足有一百英亩，到处都盛开着红红的苜蓿花，那香气让整个地区都芬芳馥郁。

开花的果园是五月的荣耀，而开花的苜蓿地则是六月的特征。在六月份，还有一种特殊的香气，它来自美洲皂荚和点缀着鲜花的葡萄蔓。那香气清清淡淡，飘散在小径上，弥漫于大道两侧。各种野草也不示弱，纷纷绽放色彩纷呈的小花，让六月的气息更加迷人。

几乎在每一个夏季，我都会发现六月的黄道吉日——一个美好、特别的日子。那一天，雾气使所有景物的轮廓都柔和起来；河流欢腾地流淌，发出一闪一闪的亮光；各种树木的嫩叶在阳光下让人感到赏心悦目；天空显得很温柔，夹带着丝丝云雾，晴朗朗的，呈现出蓝白色，有几分娇嫩的样子。这是一个万物举行婚礼的日子，幸福、闲逸——太阳和大地也结成了伴侣。鲜花的婚礼、蜜蜂的婚礼、小鸟的婚礼……这些婚礼表现出爱情的真挚，预示着将会出现的硕果。热量和湿润是一切生命之源，而这两者在六月极为丰沛。万物的蓬勃增长也就是自然的事情了。

一进入六月，稞麦和小麦的麦穗开始垂下了枝头。它们的茎秆一动不动，略微有些弯曲，显现出沉思的样子。不久之前，当穗头还空空的时候，它们挺得是多么笔直啊！现在穗头结了麦粒，给它们以深沉庄重的外观。

在六月份之前，有一种鸟的叫声我很少听到——那就是杜鹃的啼鸣。有时，五月底它们才飞临，但真正听到它们的叫声却是在六月。在禽鸟中，杜鹃算得上是隐士了。我怀疑它们的灵魂里是否有欢乐的成分。有些地区的人把它们称为"雨鸦"——据说它们的叫声是下雨的前兆。为什么别的鸟，比如说知更鸟，经常跟它们打架，把它们从鸟巢附近赶走呢？杜鹃身上好像有毛病，使它们不能和别的鸟和谐相处。是不是因为它们是寄生性的鸟，把蛋下在别的鸟的鸟巢里呢？是不是它们给别的鸟以不祥之感，使别的鸟联想到老鹰呢？这些我是说不清的。我只知道别的鸟老用怀疑的目光看它们。杜鹃喜欢在夜间游荡，这在别的鸟是不可思议的……

六月，温暖的气息在整个大地荡漾、欢舞！夏天真的来啦！

刚果河记事

【法】纪德

布拉柴维尔是个很有特色的地区，夏天炎热，但不会让你热得汗流浃背。

这儿有一些以前从未见过的昆虫，在捕捉它们时，我再次感到了童年时的欢乐。有一只绿色的昆虫，非常漂亮，属于长角天牛种类，刚抓到手，就被它跑掉了，叫我觉得怪可惜的。它的翅膀上有金银丝绘成的花纹，全身布满了各种各样的图案，脑袋宽大，下身像钳子。我用拇指和食指夹住它的前胸走了一段路，正要把它装进小瓶子时，它一挣身子跑掉了，转眼便飞得无影无踪了。

不过，我捉到了几只美丽的金凤蝶

类的蝴蝶，黄黄的颜色，身上点缀着花点，属于比较常见的那种；另外还捕捉到一只不太常见的蝴蝶，个头较大，也是黄颜色，身上有黑色条纹。

我们一行走到了刚果河与朱伟河的交汇处，附近坐落着一个小村庄。这儿的河床都干了，河道上不知怎么堆起了一些小丘，呈棕黑色。我们踏着圆圆的的石块朝前跳着走，一直走到刚果河边。河边有一道小湾，树荫下拴着一条大大的独木舟。眼前蝴蝶纷飞乱舞，数量很多，种类也很杂。可惜我只带了一张网，让那些最漂亮的溜掉了。两河交汇处的边缘，树木郁郁葱葱，河水清澈见底。有一株树特别高大，树干粗壮，大家坐在树下休息，旁边有一泓清泉流淌。附近有一棵开着红花的天南星，茎高一米多，全身带刺。我撕开一朵花，发现花心里有一些蠕动着的小虫。林子里的一些树被土著人用火焚烧过，树干已经枯死。

以下的日记是在一个美丽的小花园里写的，旁边是代理总督阿尔法沙先生为我们安排的临时住房。

九月七日　　星期一上午

一觉醒来，看到的是一派旖旎风光。船驶进波洛博湖，太阳洒下万道朝霞。湖水广袤无垠，无波无澜，似乎连一个水皱都没有，看上去好像是一个完整的贝壳。那湖水晶莹剔透，映衬着蔚蓝的天。东方，有几朵云彩被朝阳染成了紫红色。西方，湖水和天空是珠贝色的，略带一点儿淡灰，美不胜收。大自然虽万籁俱寂，但静默之中已有颤动，预示着整个世界将会被太阳照得五彩缤纷。远处有几个小岛，朦朦胧胧的像海市蜃楼，漂浮在水面似的……那种神秘、飘渺的景色历时不长，没多一会儿，物体的轮廓便定型了，线条越来越清楚。

间或有清风徐徐吹来，清新、柔和，吸进肺腑之中甜丝丝的，令人神清气爽。

一整天的时间，我们都驾着船在各岛屿之间穿梭游玩。有些岛上绿树成荫，而有些岛上只长了些杂草和芦苇。一眼望去，只见墨绿色的湖水里密密麻麻布满了枝叶交错、形状奇特的树木。偶尔也可以看见一座孤零零的村庄，难以辨清那儿的茅屋，却瞧得见一丛丛的棕榈树和香蕉树——这些是村落的标志。该地区的景色虽然并不丰富，却独具特色，叫人心旷神怡，流连其间。

黄昏时分，由于湖面平滑如镜，夕阳显得格外迷人。几团浓云浮过来，使天边趋于暗淡。天空的一角晴朗无云，露出几颗闪闪烁烁的小星星。

我们的船停泊在一个小岛旁，准备在那儿过夜。岛上全是荒草，满目凄凉。虽说我们选了个避风之处，但船身整夜都在颠簸，铁链吱扭吱扭地响个不停，船与船之间相互碰撞，再加上开门和关门的声音，使人完全无法入睡。

一大早，我们就启程了。一路上水花乱溅，甲板上湿漉漉的，真不知把铺盖等东西放在何处才好，大有一种无处容身的感觉。我们勇敢的船长被航向弄得昏头转脑，先是尝试了一条汊道，但很快就发现那儿不能通航……随后又试了几条航线，均遭到失败，最终只好再度朝北航行。

船只终于从死水进入了流动的水里。两岸耸立着高大的芦苇，河岸的地面也渐渐升高，不时可以看到巨大的白蚁巢。

我们的船靠着左岸行驶（属于麦克隆的一侧），那儿森林覆盖，虽然没有参天大树，但异常茂密，长得郁郁葱葱。树上普遍都缠满了藤蔓植物。这样的景色在该地区比较少见。我很想让船停下来，上岸去看看。船长会按我的意愿把船停下来的。思忖之间，船经过了几处没有芦苇的地方，很适合于登岸。可我最终没有提出停船靠岸的要求。难道是害怕打乱航行的计划？或者是担心发生不测？其实这些都不是主要原因。其实是因为我不愿把自己的意愿强加在别人的头上，胡乱指手画脚地命令人。好机会就这样错过了。树木已非常稀疏了。岸上多有的是茂密的芦苇了。我和船长商量后，决定停船。船长说需要砍伐些木柴。船停了，河岸陡峭，只好攀藤而上了。马尔科拿了一支借来的荷兰造猎枪，我也荷枪实弹的。阿杜木跟在我们的后边。上了岸看到一片林子，不如刚才看到的森林茂密，藤本植物很多，树木不那么古老。一想到刚才的森林，我后悔得不行。眼前的树木我叫不上名，有些长得粗大，却不如欧洲的树高，只是枝丫粗壮强悍，铺展得十分开阔。有些树与树枝叶交错，在半空纠缠在一起，行人只能擦着树根走。林中到处是荆棘，随时都可能被刺伤。时值隆冬，丛林的景象怪里怪气的——树干枯萎，树叶脱落。丛林虽密，不过还是可以走行人的。林间小路纵横，路上可见野兽留下的足印。那是些什么样的野兽呢？大家查看足印，还弯下腰查看粪便。一些粪便是白颜色，那是豺狗留下的。有些粪便是鬣狗的，有些是羚羊的，有些是疣猪的……我们像猎人一样匍匐前进，神经和肌肉都绷得紧紧的。我走在前边开路，同伴们紧紧跟在我的身后。在探险方面，阿杜木是行家里手。他叫我们注意看沙地上是否有狮子留下的足印。在有的地方，我们发现有野兽睡觉的痕迹，看到了它们用尾巴扫出的半圆圈。到了一棵枯树下，我们发现了一个大坑，通向一个很大的野兽洞口。阿杜木让大家当心，说此处是豹子出没的地方。我们的鼻孔里充满了猛兽的气味。到处可见被豹子吃掉的各种鸟类的羽毛。我心里感到吃惊，想不到豹子竟然也会挖洞作为栖息地。可就在这时，阿杜木突然惊叫起来,连说不是豹子,而是一种他不熟悉的野兽。他非常兴奋,四处寻找着什么,最后用手指着一只浑身带刺的豪猪让我们看……在较远的地方,一只带着白花点的黄褐色的大母鹿受到惊吓,匆匆逃跑了。林子里竹鸡很多,我瞄准射击,却一只也没有打中,怪丢人的。还有一些鸟我叫不出名字,我很想仔细观察一番,于是便追上前去。那鸟的体型像山鹑一样肥胖,但是我却始终追不上。一只大灰猴在我眼前一晃就溜跑了,在很高的树枝上跳来跳去的,瞬间便消失了,最后还回过头看了我们一眼——一张小小的灰色脸上露出一双炯炯有神的眼睛。时不时会遇到一两块林中空地——这儿充满勃勃生机,预示着春天不久就会来到。啊,我真想留住脚步,在参天的槐树下、巨型的蚁巢旁坐一坐,欣赏一下周围的景色。在这样的环境里,我们会乐而忘忧,陶醉其中。不过天色已晚,只好打道回船了。很遗憾——别人很可能还会有机会来,而我却没有这般幸运了。

回船之前,我总算打到了一只竹鸡。

登船的时候,我们看到眼前的黏土峭壁上有很多马蜂窝,旁边有马蜂爬过时留下的痕迹。

太阳落山前的一个小时,船停了。我们来到了河岸旁的马尼村(此地区属于法国管辖)。几个以前混熟了的孩子围了上来。苏丹原本就态度傲慢,不苟言笑,见我们和下层人亲密接触,便觉得我们都是平庸之辈,不值得一见。苏丹的儿子却喜欢我们。等我在折叠椅上坐下来,小家伙便爬到我的膝头。他的可爱和温情,补救了因他父亲的傲慢所造成的僵局。

今天我已记不清日期了。黎明出发时,天空晴朗,十分寒冷。我们在早晨五点半左右起床,一直闲坐到九点半或十点。身上穿三条裤子

（其中两条是绒裤）和两件毛衣，仍然觉得冷。

昨天打的竹鸡味道很鲜美。

航行时，我不住眼地观看沙滩上的那些巨无霸鳄鱼。我们的船行过时，它们懒洋洋地支起身子，有的咪溜咪溜在沙地上爬，钻进水里去，有的则愣愣地盯着我们瞧，像是一点也不怕人。

有两个男子划着独木舟追上了我们的船。其中的一个走上我们的甲板，衣衫褴褛，但表情严肃认真。他代表昨天没有接待我们的苏丹送来两只鸡，表达了歉意。

中途，船停下来采伐木柴。我们在属于麦克隆的那片河岸下了船。这儿和乍得的河岸完全不同，稀奇古怪的树木处处可见，样子十分漂亮。由于野兽经常出没，踏出了一条条羊肠小道。大家沿河岸前进，打了一只野鸡和一只竹鸡。接着，我们和昨天傍晚一样，走进了布满荆棘的丛林，惊醒了一只正在矮树丛里睡觉的肥胖的疣猪。它撒腿就跑，我们追了半天也没有追上。

淤泥滩上，鳄鱼密密麻麻的，数也数不清。它们紧贴地面，颜色跟淤泥差不多，难看极了，一动也不动，像是和淤泥粘合在了一起。我们一开枪，它们便迅速散开，纷纷钻进河里不见了踪影……

许多年之后，刚果河流域的探险已成了雪泥鸿爪，朦胧和飘渺，但有些情节却历历在目，令人难以忘怀。

旱灾

【英】威廉·黑尔·怀特

有三个月的时间，老天爷没有落下一滴雨。西北风呼呼地刮个不停，偶尔也刮上几阵东风。有时微风从西南方向飘来，雾气上升，可是雾气里并没有水汽。这算不上真正的西南风，没过几个小时，风向标又转回了老位置。有时只见天空云团开始聚集，就好像天马上要变脸了。遇到这种情况，晴雨计的水银柱逐渐往下落，一直落到按一般的情况必然有一场雨的位置。然而，仍没有一滴雨降下来。随后，水银柱又缓缓上升了。于是，我们的希望又落空了。至少还得再过一个星期，水银柱才能回到原来的位置，那时也许会有再次下降的机会。最后，大家情绪低落，失望到了极点，索性把晴雨计拿开，不愿再看它，只是在心里默默地盼望甘霖突从天降。青草开始枯黄，许多地方的草连根都干死了；各种害虫爬满了果树；小河干涸见底，牲口饮用的水得跑到几英里远的地方，从池塘里或山泉里取；一条条的道路，被晒得裂开了缝；空气里弥漫着沙土气；美丽的绿色树篱上现在落满了尘土，似乎都透不过气来了。一些鸟儿，如白嘴鸦等，饿得奄奄待毙，四处寻找不到食物，只好试着去吃那些从没有吃过的东西。看见它们用鸟喙啄草地上那坚硬如石块的土壤，叫人心里顿生怜悯。那强烈刺眼的阳光比冬天的阴雾更令人难以忍受。人们觉得世间万物都在经受炙烤，都在遭受饥渴的折磨，所以心里着实不好受，都躲在家里，不愿意到田间地头去。旱灾！旱灾在考验着我们！大西洋原本是生命之源，现在却酣睡不醒。要是它永远地沉睡，再也不会醒来，那该怎么办呢？我们对它的脾性了解不深，它的神秘令所有的科学都无能为力。它就睡在我们身旁，辽阔、诡秘，而我们生命的延续全都要仰仗它的鼻息。它那美妙、潮湿的气流不是常常光顾大陆吗？！有了它，那一棵棵的青草以及一条条的生命就不会灭亡！我们的心里满怀信仰。可是，难道它会抛弃这块土地，让它变成荒漠不成？

　　一天夜里，西边天际出现了灰色的条块。但是，由于上当受骗的次数太多，我们都不敢相信老天了。然而，这天夜里的云块比平时浓厚，窗帘的帘布是潮湿的，掠过悬崖吹来的风凉飕飕的。如果我们还敢于心存希望的话，那我们该说风里包含着海洋的气味。凌晨四点，有什么东西啪啪啪地在敲打窗户玻璃——啊，原来是雨水在窗户上哗哗流淌。我躺不住了，于是起身出了房门。哗啦哗啦，除了一片落雨声，别的什么声音也听不见。大自然忙作一团——它已经好久没有这般活跃了。千千万万棵小草和庄稼的叶片都在畅饮这天之甘霖。滂沱大雨一连下了十六个小时。黄昏时分我又出去了一趟，看见路边的水渠里有了一点积水，但没有一点一滴能够向田里流动，因为大地实在太干渴了！谢天谢地，旱灾终于结束了！

沙子和水

【法】安德烈·莫洛亚

沙子和水是主宰埃及的两个主人。它们和谐相处，中间没有隔阂。一出城市的大门便是茫茫无际的沙漠。在沙漠上矗立着一座座的金字塔。在月光如水的夜晚，金字塔形成了壮观的景色。皎洁的月光洒在石头上，在金字塔朴实无华的外表蒙上了一层柔和的沙色光芒，给屡遭盗墓贼破坏的塔体罩了一层白白的粉饰。埃及的月夜，清新、宁静，散发出奇妙的气息。你置身于沙堆、圣殿的残骸和巨大的石块之间。抬头望,可见金字塔的塔尖与黑色的天空合为一体。穿过带着潮气的沙漠向前,走过一片洼地……人面狮身像突然闪入你的眼帘,它巨大无比,长长的一只脚伸到你的跟前。仔细瞧,它面容古怪、表情宁静。

一阵轻微的簌簌响动惊扰了你的沉思,使你回转过头来,继而吃惊地发现离你不远处有一个骆驼队的宿营地。在沙漠里就是这样——冷丁就会有一个骆驼队出现在你面前。夜里,和一些素不相识的游牧人在一起,你会油然产生一种美妙的安全感。这是人的本能反应。这儿产生的安全感比纽约、芝加哥街道上的安全感要强烈许多。这儿的人相互之间都认识,任何人的一举一动都被看得清清楚楚。贝都因人为沙漠提供安全的保障。外地人来到这里,只要以坦诚相见,都会得到保护。与常规法庭相比较,沙漠法则更为有效。假如一个人杀了另一个人,必须受到相等量的惩罚。这儿实行的惩罚是"以眼还眼",杀了骆驼赔骆驼,杀了人必须偿命。不过,为了保护一些出类拔萃的人物,他们也会网开一面,实施赎买的法则——男人的一条命可用一百峰骆驼赎买,女人的一条命可用五十峰骆驼赎买。如果付不起赎金,灾难便会降临。这儿不倡导种族仇杀,凡是犯罪的人就关在帐篷里,假如逃跑,就会被射杀。

游客在这儿是很安全的,只管放心旅行,尽情领略沙漠风光就是了。沙漠是一个奇异的世界,最重要的问题就是缺水。动植物的生长和存活与水息息相关。植物带有大水囊蓄水,以备不时之需,它们的根深深钻入地下接触到水源。无论是飞禽还是野兽,都有一套找水的本领。

人在沙漠里迷了路,找不到水源,就必须根据动物的行为判断水源的位置。贝都因人会根据各种现象来到水边。有的动物为了去饮水,走的是直线,中途从不在灌木丛里或其他地方休息。饮水后,动物们会在附近玩耍游戏,留下杂乱的足印。母狼哺育狼崽时,是不敢远离水源的。人们明白,动物是最可靠的向导。拥有一只动物,胜过任何仪器,所以人们善待动物,将它们视为神明。

这儿可居住的绿洲空间十分有限,居民们拥挤不堪。这儿没有空旷的草原、广袤的森林和辽阔的田野。这儿的男人身穿白色长罩衫,总是步履匆匆;女人蒙着黑色面纱,头顶双耳水罐,常常背负婴儿。

骆驼和毛驴亲如手足,肩并肩地生活在沙漠里。毛驴个头很小,却力量很大;骆驼走起路慢慢悠悠,一副目空一切的样子。山羊也是沙漠人家的一个重要成员,在这儿享有充分的自由。在一座座小镇的郊外,总可以见到三三两两的棕色山羊,它们不慌不忙地觅食,绘制出悠闲的田园风光。

神圣的景观

【奥地利】茨威格

在辽阔的俄罗斯大地上，我所见过的任何景观都没有托尔斯泰的坟茔那般神圣、那般让人魂牵梦绕。它远离尘嚣，静静地、孤单单地坐落于林荫里，成为千秋万代的后来人精神的圣地，为人们所朝拜和尊崇。你步入树林，顺着一条羊肠小路信步走去，穿过林间空地和灌木丛，便会来到他的坟茔前。说"坟茔"，其实只是一个长方形的土堆而已，无人守护，无人管理，只有几株大树伫立在旁边。他的外孙女告诉我，说那些高大挺拔、在初秋的风中微微摇动的树木是托尔斯泰亲手栽种的。童年时,他和哥哥尼古拉听保姆或村妇讲过一个古老传说,提到亲手种树的地方会变成福地。于是他们俩就在自家庄园选块地方栽了几株树苗,这个儿童游戏不久也就被忘掉了。托尔斯泰晚年才想起这桩儿时旧事和关于福地的传说。这位风烛残年的老人突然产生了一种想法,当即向家人表示希望将来死后将他的遗骨埋在他亲手栽种的树木旁边。当这位蜚声海内外的文学巨擘辞世后,他的家人执行了他的嘱托,使他长眠于"福地"。他的坟茔成了世间最美的、给人印象最深刻的、最感人的坟墓。那是树林中的一个小小的长方形土丘,上面开满鲜花——没有十字架,没有墓碑,没有墓志铭,连托尔斯泰这个名字也没有。这个比谁都深受自己声名所累的伟人,就像偶尔被发现的流浪汉、不为人知的士兵一般,不留名姓地被人埋葬了。谁都可以踏进他最后的安息地——围在四周的稀疏的木栅栏是不关闭的。没有任何屏障保护列夫·托尔斯泰的长眠之地,四周仅弥漫着人们虔诚的敬意。人们从四面八方赶来表示敬意,这反而破坏了伟人坟茔静谧的气氛。在这儿,有一种惊人的"朴素",让你一望就觉得内心有着荡气回肠的洁净感,容不得你高声说话——哪怕再小的声音也是对宁静环境的亵渎。风儿在坟茔旁的树木之间吹动,发出柔和的飒飒声,和煦的阳光在坟头闪耀。到了冬天,这儿白雪皑皑,银装素裹,显得异常纯洁寂静。你都想象不到,这个小小的隆起的长方形土包里面躺着当代最伟大的人物当中的一个。然而,恰恰是这个不留姓名的坟茔,比所有挖空心思置办的大理石和带有奢华装饰的坟茔更令人向往,更能牵动人们心中最敏感的神经。在今天这个特殊的日子里,成百上千到他的安息地来的人中间,没有一个有勇气,哪怕仅仅从这幽暗的土丘上摘下一朵花留作纪念。人们深深感到,这个世界上再没有比托尔斯泰坟茔那纪念碑式的朴素更能打动人心的了。大教堂大理石穹隆底下拿破仑的墓穴、魏玛公侯之墓中歌德的陵寝、西敏寺里莎士比亚的石棺,看上去固然宏伟壮观,令人望而心生敬意,但它们都不如这块"福地"洁净、感人。这是一个只有风儿低唱,而无人语喧哗的圣地——它的肃穆、它的庄严震撼着来访者的内心世界,引起人们无边无际的遐想和回忆……

这是一个只有风儿低唱,而无人语喧哗的圣地。

闪亮的小星星

【俄】邦达列夫

整个村庄都在熟睡,茫茫夜空中泛着淡淡的银光。一颗幽绿的小星星静悄悄地高悬于空中,含情脉脉,似夏夜一般温柔。它若隐若现,从深奥莫测的宇宙,从遥远的银河深处,把目光投向人间。我觉得它在像老朋友一样朝着我眨巴眼睛。我独自一人穿过夜幕笼罩下的小径,只有那颗小星星伴我同行;当我止步于桦树林边时,它静静地守候在树丛中,朦胧的身影藏在大树的叶片后。我回到家时,它则探着脑袋从屋檐的上方向我瞭望,从天上洒下一片柔和的光辉，似乎在向我道晚安。"这一定就是它，"我想，"就是我童年时代的那颗星星。它那般亲切，那般柔情……我是在什么时候见过它呢？在什么地方呢？也许，我所拥有的一切最美好、最纯洁的东西，都是它给我带来的。这颗星星也许代表着我最后的归宿，是我生命的象征。有朝一日，它会像现在这样，用它那善良而欢乐的闪光来迎接我。"这是不是我和永恒空间的一种联系，是不是我和宇宙沟通的一种形式？……啊，眼前的一切仍像童年时代神秘的梦幻一样，那么不可捉摸，又是那么美妙。

这是一个不眠之夜。我突然想起一句记不起出自何处的奇怪的话："星光并非照耀着每一个人。"这句话是什么意思？为什么不是每一个人都能沐浴到星光？这句话一整夜都在我心中萦绕和翻腾，它蕴含着一种美妙而神秘的含义。我心头涌起一股幸福的感觉，周围氤氲着美妙的气氛，就好像那颗幽绿的小星星伴随在我身旁，散发出恋人所特有的芬芳，而我仿佛坠入爱河一样喜悦盈怀。

第二天早晨，那种特殊的感觉消失了。再想想那句奇怪的话，我觉得它变得朦胧、模糊、毫无意义了。可当我把那句话写下来的时候——蓦地，夜间那种感觉又在我心里像火花般闪现出来。在遥远的青年时代不止一次遇到过的爱情，似一幅幅美景从我面前掠过。现在我才悟出那句话的全部潜在意义——它并非向你表示欢乐，而是对世界上许多没有沐浴过星光的人们表示遗憾和哀痛。

火光

【俄】柯罗连科

那是很久以前的事情了……在一个漆黑的秋天的夜晚,我们划着小船在西伯利亚一条阴森森的河上前行。划到一个转弯处,只见前面黑魆魆的山脚下,有一团火光突然闪了一下。

火光又明又亮,好像就在眼前……

"好啦,谢天谢地!"我高兴地说,"马上就到过夜的地方啦!"

船夫抬头朝那火光望了一眼,又不以为然地划起桨来。

"远着呢!"他嘟哝了一句。

我不相信他的话,因为那火光冲破茫茫的夜色,明明在那儿闪烁。不过船夫是对的:事实上,火光的确还远着呢。

这些黑夜的火光的特点是:驱散黑暗,闪闪发亮,似近在眼前,令人神往。乍一看,再划几下就到了……其实却还远着呢!

我们在漆黑如墨的河上又划了很久。一个个峡谷和悬崖迎面驶来,又向后移去,仿佛消失在茫茫的远方,而火光却依然停留在前头,闪闪发亮,令人神往,依然是这么近,又依然是那么远……

如今,事隔多年,无论是那条被悬崖峭壁的阴影笼罩的漆黑的河流,还是那团明亮的火光,都经常浮现在我的脑海里。人世间曾有许多火光,似乎近在咫尺,不止使我一人心驰神往,也在鼓舞着众生。生活之河在阴森森的两岸之间流淌着,始终有一团火光似乎近在眼前,却依旧非常遥远。因此,必须加劲划桨……

不管怎样,火光毕竟就在前头……它毕竟就在前头!

雏菊

【法】雨果

前几天经过出版业大道,两幢六层高楼之间的一段栅栏吸引住了我的目光。阳光透过栅栏板之间的缝隙投射在路面上,形成了一条条平行的金色条纹,煞是好看,跟文艺复兴时期黑缎上绣的金色线条一样漂亮、大方。我凑到跟前留神观看。

栅栏内围的是1839年6月被焚毁的滑稽歌舞剧院的场地。

此时是午后两点钟,烈日炎炎,路上连一个人也看不到。

栅栏门是灰颜色的，两边隆起，中间凹下，还带着洛可可式的装饰，可能是百年前哪个爱俏的年轻女子的闺门，现在却安装在了栅栏上。此门只要稍稍提起插栓就可以打开。于是我推门走了进去。

栅栏内满目凄凉，一片狼藉，遍地泥灰，到处是大石块。巨大的石块被遗弃在那里，苍白如墓石，发霉像废墟。周围静悄悄的，没有一个人影。邻近的房屋墙上留有明显的火焰与浓烟的痕迹。

火灾已发生两年，此处无人问津，日渐荒凉。在场地的一个角落里矗立着一块发绿的石头，石头下面成了锤甲虫和蜈蚣的居所。在这块巨石的后边长出了一些小草。

我坐下来观望那些小草。啊，上帝啊，草丛里竟有一株小巧玲珑的雏菊——一株天下最漂亮的雏菊。一个可爱的小飞虫围着雏菊上下盘旋飞舞。

雏菊静静地生长着……它就在巴黎的市中心，夹在两条繁华的街道之间，离王宫和骑兵竞技场仅有咫尺之遥，旁边车水马龙——有出租马车、公共马车和国王的四轮华丽马车等，而它坚持着自己的"宁静"，一副与世无争的样子。这株原该生长在田野里却出现在街道旁的小花，让我浮想联翩……

十年前，谁会料到这儿竟会长出一株雏菊！

假如此处没有发生变故，没有经过灾难，只是像别的地方一样坐落着一些普通民房，人们按部就班地生活，夜晚降临时关门闭户，熄灭蜡烛，那么就绝不会出现只有在田野里才可以见到的雏菊。

这株雏菊不知代表着多少事物、多少失败和成功的演出，代表着多少破产的人家、意外的变故和奇遇，以及多少突然降临的灾难啊！对于习惯都市生活的人而言，如果两年前眼中出现这株雏菊，很可能会感到骇然，把它当作幽灵呢！命运是多么玄妙、多么神秘啊！千万人间的精彩画面缩减为这洁光四射的悦目的小小的黄色雏菊!

必须先要有一座剧院和一场火灾,即一个城市的欢乐和一个城市的恐怖——它们一个是人类最典雅的发明,一个是最可怕的天灾;必须先要有三十年的欢笑和三十小时的滚滚火焰,才会生长出这株雏菊,赢得这飞虫的喜悦!

对善于观察的人,最渺小的事物往往就是最重大的事物。

从阿尔卑斯山归来

【法】都德

在普鲁文斯省,当天气暖和起来时,把羊群送到阿尔卑斯山里去已经成了传统和习惯。羊群和牧人要在那儿度过五六个月的时间,夜间露天而眠,睡在齐腰深的草丛里。秋天的气息渐浓时,他们走下阿尔卑斯山,回到村子里来,重新在周围灰色的小山上放牧,过单调的生活……

我们这个村子,昨天晚上羊群回来了。从早上起,羊圈的大门便敞开着,等待着羊儿归来。羊圈里铺了新鲜的干草。

村民们聚在一起,不时地念叨着:"现在,他们已经到艾杰尔了;现在,已经到巴拉都了……"

近黄昏的时候,突然间有人大叫了

一声:"他们来啦!"

抬头望去,我们看见远方羊群在尘土飞扬的夕阳里挺进着。

整条道路好像在跟着羊群一起蠕动。老公羊走在最前面,角往前伸着,现出凶野的神气。在它们后面,是大队的羊群,其中有疲倦的母羊,也有偎挤在母羊腿间的小羊。几只骡子头戴红绒球,背上驮着篓子,而篓子里睡着刚出生的羊羔,晃晃悠悠的。牧羊狗在后边压阵,全身汗津津,那耷拉的舌头几乎能触及到地面。最后面是两个牧羊人,身材高大,裹着棕褐色毛衣外套,外套肥肥大大的像袈裟一样,长得都拖到了脚后跟上。

就是这么一条长龙迈着欢快的步子来到了我们面前,踢踏踢踏的蹄声像暴风雨一样响成一片,浩浩荡荡开进了村子。顿时,村子里沸腾起来。

金绿两色相间的大孔雀,戴着绢绒般的冠,从它们的栖木上认出了羊儿们,用一种惊人的军号般的鸣叫迎接它们。

沉睡着的鸡突然被惊醒了,所有的鸡都站了起来。鸽子、鸭子、火鸡、竹鸡……整个养禽场像是发了疯一般,它们咕咕嘎嘎叫着,恐怕一整夜都会兴奋不已……

每一只羊的身上似乎都沾染了阿尔卑斯山青草的芬芳,把一股令人沉醉、使人欢欣鼓舞的田野间生机勃勃的气息带了回来。

在这样忙乱和沸腾的场景里,羊群各自找到了自己的住所,回到了倍感亲切的家中。老公羊看到它们的食槽,感动得流出了眼泪;那些在旅途中出生,还从未看见过村庄的小羊羔,此时惊奇地看着它们的四周。

最动人的要算那些牧羊狗了—— 那些一丝不苟、忠于职务的牧羊狗。它们跟在羊群后面十分忙碌,跑东跑西的,四处都能见到它们的身影。一些守夜的狗招呼它们,让它们回狗窝休息,但它们哪里听得进去;井边盛满了新鲜水的水桶等待着它们去畅饮,而它们不管不顾。在全部的羊群进羊圈之前,在粗大的门闩把羊圈的小栅栏门拴上之前,在牧羊人回到自家低矮的小屋里,坐在桌子旁边之前,这些牧羊狗对于别的什么都不看,对于任何劝告都不听。

　　只有当一切事务忙完之后,它们才会同意回到狗窝里去。在那儿,它们一边舔食着桶里的菜汤,一边对村子里的狗同伴们讲述它们在山里所做的事情——阿尔卑斯山是个可怕的地方,有狼,有滴着露珠的大朵的毛地黄……

雪夜

【法】莫泊桑

暮色降临时,琼花乱舞,鹅毛一样的大雪从天上落下来,把大地染成了一片白色。夜来了,在沉沉夜幕下的大千世界仿佛凝固了,一切生命都悄悄进入了梦乡。远远近近的山谷、平川、森林、村落银装素裹,在雪光映照下分外妖娆。这雪后初霁的夜晚,万籁俱寂,死一般的宁静。

蓦地,从远处传来一阵凄厉的叫声,刺破了寒夜的寂静。那叫声如泣如诉,里面包含着哀怨,听了让人毛骨悚然,同时感到心酸!原来那是条被主人放逐的老狗,不知是在村前的篱畔哀叹自己的身世,还是在倾诉人类的寡情。

漫无涯际的旷野盖着白雪的被子酣睡,一动不动,似乎连翻个身子都不情愿。那遍地的萋萋芳草和匆匆来去的游蜂浪蝶,此时都销声匿迹,只有那几棵百年老树依旧伸展着嶙峋的秃枝伫立在那里,像是幢幢鬼影,又像森森白骨,给雪后的夜色平添上几分悲凉、凄清。

苍茫太空默然无语地俯瞰着大地,显出一种神秘、高深的样子。月亮露出了灰白色脸庞,把冷冷的光洒向人间,使人更感到寒气袭人。和月亮做伴的,唯有稀稀拉拉的几颗寒星,叫人不得不感叹这寒夜的落寞和凄冷。看,月亮女神的眼神是那样忧伤,她的步履又是那样迟缓!

一步一步,月亮走到了旅途的终点,悄然隐没在旷野的边沿,剩下的只是一片青灰色的余光在天际徘徊。不大一会儿,东方出现鱼肚白,并且逐渐扩大,像撒开一张轻柔的纱幕笼罩住整个大地。寒意更浓了。树枝头的水汽凝成了水晶般的冰凌。

冬天的夜晚充满了诗意,却给小鸟们带来了痛苦——它们恐怖颤栗、倍受煎熬!它们的羽毛湿湿的沾满了雪水,小脚冻僵了;刺骨的寒风在林间刮过来刮过去,肆虐逞威,把它们可怜的窝巢刮得左摇右晃;小鸟们困倦的双眼刚刚合上,一阵阵寒冷又把它们冻醒,于是只好瑟瑟抖抖地颤着身子,打着寒战,忧郁地注视着那洁白一色的原野,期待着漫漫的长夜尽早结束,换来一个充满希望之光的黎明。

瓦尔海姆散步

【德】歌德

  全靠上天的赐福，我的日子过得非常快活。不管将来会遇到什么情况，起码现在来说，我正在享受着欢乐——一种最为纯洁的欢乐。你要知道，我在这儿已经完全定居了下来。我觉得自己如鱼得水，品尝到了人间所有的幸福。

  以前我一次次到瓦尔海姆散步，但我怎么也没想到，这个小村庄竟然和天堂近在咫尺！无论上山散心，还是到河对岸原野里漫步，我经常看到这座猎舍，可当时万万没料到自己今天会把一腔激情全部倾注在此处。

我思绪万千,想到了许多许多的事情。每个人都希望有一个光明的前景,希望出外闯荡去发现新事物。但所有的人内心又都受到某种束缚,不由自主地去墨守成规,全然不管这些成规是对还是错。

在这里游山逛水真是一种奇妙的享受。站在山顶上向那可爱的峡谷眺望,那一草一木足以叫你心醉神迷。再看看那片小树林吧!那郁郁葱葱的树荫该是何等壮观!还有那突兀耸起的山峰!从那儿观望,可以将周围的景色尽收眼底!那连绵起伏的山峦和云遮雾罩的峡谷使人觉得如入仙境。然而我匆匆而去,匆匆而返,不曾找到过自己希望得到的东西。啊,远方的景色是那样朦胧,恰似飘渺的未来,以磅礴的气势静静地铺展在我们的灵魂面前。我们倾注了所有的感情举目远眺,渴望贡献出自己所有的一切,让心房充满奇妙、崇高的感情。然而,一旦未来变成现实,遥远的地方展现在我们的脚下,我们就会发现万物依然如旧,发现我们的认识仍很肤浅。那时,我们的灵魂气喘吁吁,为自己的无能感慨叹息。

就连浪迹天涯的游子最终也会思恋自己的故土,渴望在他那茅草棚里休憩,渴望投入妻子的怀抱,和子女在一起共享天伦之乐,为家人的幸福而忙碌。他曾在广袤的世界独自徘徊,没有寻觅到人间的乐趣,可是在这儿他却可以如愿以偿。

天亮时,我步行来到瓦尔海姆村,在旅店的菜园里摘些豌豆,然后一边剥豆皮,一边阅读《荷马史诗》。剥完后,我走进小厨房找来一只铁锅,切上一片黄油,连同豌豆放进锅里熬煮。我坐下身来,不停搅动着豌豆粥。此刻,珀涅罗珀[1]的那些趾高气扬的求婚者屠牛宰猪、剔

---

[1] 珀涅罗珀是荷马史诗《奥德赛》中主人公俄底修斯的妻子。她美丽聪明,以计谋战胜了无耻的追求者,一直等到丈夫归来。

骨烹肉的情景,栩栩如生地跃然眼前。我的内心无比欢快和宁静,因为我觉得自己的生活中有机地融进了远古社会的生活习俗。

　　我感到欣慰极啦,一种质朴、纯真的喜悦在我的心里油然而生。这就好像一位菜农在品尝他自己栽种的白菜一样,嘴里吃的是劳动的果实,体验到的却是美好的时光留下的痕迹。他忘不了播种时的美丽场景、浇水时的可爱黄昏,以及白菜一天天长大时他内心的欢快……

啊,日内瓦湖!

【俄】伊凡·蒲宁

冒着大雨,在浓浓的夜色里我们抵达了日内瓦。天破晓前,雨停了。雨后初晴的日内瓦空气清爽,景色宜人。我们推开晾台的小门,扑面而来的是凉凉的秋季早晨的气息,令人感到十分惬意。街面上水汽很浓,弥漫着一片白白的雾。太阳光并不强烈,但在雾气里仍显得红彤彤的,散发出勃勃生机。微风携带着潮气吹来,拂动着缠绕在晾台柱子上的野葡萄藤。我们洗了一把脸,穿好衣服,便急匆匆离开了旅馆出外游览。昨夜美美睡了一觉,精神抖擞,内心渴望尽情观赏一下周围迷人的景色。我们像年轻人一样欢欣喜悦，对这一天怀着美好的期待，踏上了出游之路。

"感谢上帝又赐给了咱们一个美丽的早晨！"我的旅伴对我说，"你没发现，咱们每到一处，次日总是风和日丽？今天可别抽烟，多吃蔬菜和牛奶，养足精神哟！呼吸新鲜空气，沐浴灿烂阳光，会让你神清气爽！这可是医生的忠告哦。不抽烟，你就会感到体内洁净，感觉到青春的活力。"

我们站住脚四处张望，寻找着令我们魂牵梦绕的日内瓦湖。远处的一切都笼罩在薄薄的纱一般的雾气里。前方有一条马路跃入我们的眼帘，在霞光的照耀下金光闪闪，像是黄金铸成的。于是，我们举步向那条"黄金道"走去。

转眼间，朝阳刺破雾气，带来了融融暖意，使各种景物霍然清晰了起来。附近的一切都闪着晶莹的光。然而，山谷、日内瓦湖以及萨瓦山脉依然雾腾腾，寒意逼人。我们迈开大步走到湖堤上，四处望望，一股喜悦涌上心头。当一个人看到无边无际的海洋和辽阔的湖泊，或者从高山上俯瞰美丽的峡谷，往往会产生这种又惊又喜的感觉。萨瓦山隐没在亮晃晃的晨岚之中，难以分辨，只有仔细眺望，方能瞧见那山脊好似一条金线悬在半空，蜿蜒迂回。只有在这时，你才会感觉到远方群山起伏、山峦叠嶂。近处则是蔚蓝、清澈、深邃的日内瓦湖——它静静地躺在宽广的山谷内，湖面上漂浮着凉丝丝、清爽爽、湿漉漉的雾气。它还在沉睡，那星星点点的小帆船也在沉睡。那些船和船帆就像一只只张开翅膀的巨鸟，只是仍蛰伏在那里，尚未飞向蓝天。有几只海鸥贴着湖面飞翔，慢悠悠的，十分悠闲。蓦然，其中的一只海鸥朝我们飞过来，掠过我们身旁，向街上飞去。我们转过身去瞧它，却见它又飞了回来，可能是被街上的什么东西吓着了吧……嗬，一大清早就有海鸥飞进城！住在这儿的居民可真幸福啊!

怀着一颗激动的心,我们迫不及待地要进入群山游览,要在湖上划船,向远方航行……可是,雾气还没有散尽。我们只好转身向市区走去,在商店里买了些吃的东西,然后开始欣赏洁净如洗的街道和静悄悄、美丽如画的花园。不知不觉之间,天空已经廓清,晶莹剔透地闪着亮光,像一块巨大无比的宝石一样。

"你知道吗,"我的旅伴开口说道,"我简直不敢相信自己真的到这个地方了。之前,我看过地图,幻想着到此一游,但那只不过是幻想而已,想不到幻想竟然成真了。意大利就在那群山的后面,离咱们非常近,你能感觉得到吗?在这美妙的秋天,你能感觉得到那个国家的存在吗?那边就是萨瓦省,就是童话故事里与猴子为伍的快乐孩子们的故乡!"

码头旁,游艇和船夫们都懒洋洋地在阳光下打瞌睡。湖水清澈极了,蓝蓝的,一眼可以看到水底的沙粒、木桩和船身。太阳完全出来后,空气变得暖洋洋的,有一点夏日的气氛,只有那透明的天空和异常寂静的景色告诉你此时已是晚秋。雾气被太阳驱赶得不见了踪影。顺着山谷,极目远眺湖面,可以看得很远很远。我们三下五除二脱掉上衣,卷起袖子,把船桨拿在手中,向着前方划去。码头被留在了身后,离我们越来越远。离我们越来越远的还有熠熠闪光的市区、湖滨和公园……湖水波光粼粼,亮晃晃的,把我们的眼睛都照花了。朝前划着,湖水逐渐变深,也越来越透明。把船桨深入水里,可以感觉到水的弹性。望着船桨上的水珠飞溅开去,让人感到高兴极了。我望望旅伴那兴奋得发红的脸,望望那自由自在、安安静静地荡漾在群山怀抱中的万顷碧波,望望那满山遍野正在转黄的树林和葡萄园,再望望那掩映其间的一幢幢别墅,我觉得如处仙境一般。我们停下桨来,周围顿时鸦雀无声,一点声音都没有了。我们闭上眼睛仔细听,还是没有听到声音。划动船桨时,湖水从船边掠过，发出汩汩的声音——单凭这声音，就可以让人感到湖水是多么洁净、多么清澈。

把桨提出水面，连汩汩的声音也消失了。从船桨上滴下水珠来，一滴又是一滴……阳光照得人脸发烫……突然，一阵悠扬的钟声从远处飘来，在我们的耳畔回响。那是深山里的大钟，由于距离远，钟鸣有些飘渺朦胧。

"你还记得科隆大教堂的钟声吗？"我的旅伴压低声音说道，"那天我比你醒得早。天刚麻麻亮，我站在窗口处，静静倾听那回荡在古城上空悦耳的钟声。你还记得科隆大教堂的管风琴和它那恢宏的中世纪建筑风格吗？还记得莱茵省那诸多的古城和古香古色的壁画吗？还记得巴黎吗？……那些情景令人难忘，但和这儿相比就逊色了——此处的景色美不胜收。"

耳旁钟声袅袅，柔和而纯净，我们闭目倾听。阳光暖暖地照在脸上，而水面上升起阵阵宜人的丝丝凉意，一切都让人觉得是那样舒心和甜蜜。一艘白色的轮船从两公里远的地方驶过，在湖面上激起水波。那水波滑过玻璃一样平展的湖面缓缓向我们涌来，轻轻晃动着我们的小船。

"你瞧，咱们置身于群山怀抱之中，这儿就是世外桃源。"待轮船逐渐变小，最后消失在远方之后，我的旅伴款款说道，"所有的一切尘嚣都留在了群山之外，此处只有寂静和安宁。我内心的感觉真是用语言难以形容。"

他一边说着，一边听着钟声，一边慢悠悠划着桨。周围的湖水一片浩淼，似乎越来越辽阔，而钟声忽远忽近，似有若无……

极目远望，只见山上一片绚丽却柔和的秋色，层林尽染；翠绿的草木间隐隐可见一幢幢别墅，漂漂亮亮的，静静享受着明媚的秋日。我用杯子舀了一杯水泼向空中，那晶莹的水珠在空中发出亮亮的光芒。

我们久久地望着那重重叠叠的山峦和山峦之上的洁净、柔和的蓝天。不知怎么，那秋天的气息里有着几分忧郁。我们任思想驰骋，想象着我们到了人迹罕至的深山老林里，那儿只有一眼望不到边的山林和一只在高空盘旋的兀鹰……我们继续前行，艰难地跋涉着，要去寻找生命的奥秘……

周围异常寂静。我们徐徐划动着船桨，听着那渐渐消隐的钟声，讨论着去萨瓦省的旅程，讨论着该去哪些地方以及停留多长时间。虽然嘴上说着话，一颗心却无时无刻不在欣赏日内瓦湖的美景。这儿有着世间最美的山水和静谧的气氛，它不断在升华，在我们内心激起柔美的罗曼蒂克情和对美的追求……

他们始终保持着青春的全部特征——
爱冒险、爱生活、爱争斗,精力充沛,头脑灵活。
他们根本不管年老不年老,
到死都是年轻的。

总策划

科文图书

★

监制

薛婷

★

策划编辑

暖暖

★

责任编辑

许庆元

★

助理编辑

刘保玲

★

文字编辑

史倩

★

装帧设计

格·创研社

★

购书网址

www.dangdang.com

图书在版编目（CIP）数据

做一个不惑的人，不忧、不惧过一生 /（美）梭罗等著；方华文译. — 北京：北京日报出版社，2017.6
ISBN 978-7-5477-2499-6

Ⅰ.①做… Ⅱ.①梭… ②方… Ⅲ.①散文集-国外 Ⅳ.①I16

中国版本图书馆CIP数据核字（2017）第074006号

做一个不惑的人，不忧、不惧过一生

出版发行：	北京日报出版社
地　　址：	北京市东城区东单三条8-16号东方广场东配楼四层
邮　　编：	100005
电　　话：	发行部：（010）65255876
	总编室：（010）65252135
印　　刷：	北京嘉业印刷厂
经　　销：	各地新华书店
版　　次：	2017年6月第1版
	2017年6月第1次印刷
开　　本：	800毫米×1230毫米　1/32
印　　张：	8.5
字　　数：	204千字
印　　数：	1-6000册
定　　价：	36.80元

版权所有，侵权必究，未经许可，不得转载